成为父亲的历程

［德］蒂尔曼·普吕弗◎著

冯帅帅◎译

SPM 南方传媒 | 广东人民出版社

·广州·

图书在版编目（CIP）数据

成为父亲的历程 /（德）蒂尔曼·普吕弗著；冯帅帅译. -- 广州：广东人民出版社，2024.8. --ISBN 978-7-218-17947-6

Ⅰ. G78

中国国家版本馆 CIP 数据核字第 20249FP602 号

CHENGWEI FUQIN DE LICHENG
成为父亲的历程
［德］蒂尔曼·普吕弗 著 冯帅帅 译

出 版 人：肖风华

责任编辑：欧阳杰康
责任技编：吴彦斌 马 健

出版发行：广东人民出版社
地　　址：广州市越秀区大沙头四马路 10 号（邮政编码：510199）
电　　话：（020）85716809（总编室）
传　　真：（020）83289585
网　　址：http://www.gdpph.com
印　　刷：文永印刷河北有限公司
开　　本：880 毫米 ×1230 毫米 1/32
印　　张：5.5　　**字　　数**：114 千
版　　次：2024 年 8 月第 1 版
印　　次：2024 年 8 月第 1 次印刷
定　　价：69.80 元

如发现印装质量问题，影响阅读，请与出版社（020-85716849）联系调换。
售书热线：（029）89163679

序言

我们为什么在这里

二十年前，当我初为人父时，没有人让我为此做过丝毫准备。我当时二十五岁，已经有一些生活历练，如参加全国青少年运动会、接受坚信礼[①]和考取驾驶证。人们认为重要的是，我可以解根式方程，我知道柠檬酸循环的基本原理和三十年战争[②]的发生时间。从来没有人告诉我，成为父亲会是什么样子。这似乎被视为一种不言自明的假设，甚至完全没有被提及的必要。或者更确切地讲，当时根本没有人会对此感兴趣。

如今关于父亲的讨论众说纷纭，但是普遍存在一种奇怪的沉默现象，即父亲们的沉默。他们不会诉说自己想要什么，不会表达他们对于父亲身份的期望，不会说明他们最想要传递给孩子的是什么。随着女权主义的发展，以及对旧有生活模式的不断质疑，我们现在知道更加能够体现公平、合理和美好的是，父亲不再一味地以事业为重，能够开始照顾家庭。但是孩子应该从父亲那里得到什么，父亲想要传达给孩子的是什么，这些并未被提到。

相反，父亲们越来越多地会受到一些轻微的指责。女权主义者不断提出一些父亲们理所应当要去满足的要求，似乎这样做，就能避免受到

① 坚信礼是一种基督教仪式。——译者注

② 三十年战争是由神圣罗马帝国的内战演变而成的一次大规模的欧洲国家混战，也是历史上第一次全欧洲大战。——译者注

父权制的毒害；似乎只要父亲们将一定的金钱汇入“黄金时光[①]账户”，就算是尽到了自己的责任，就可以像这样浑浑噩噩地生活下去；似乎在父亲们休育儿假时，在父亲们定期在小区里推着婴儿车带孩子出去玩时，在父亲们动手参与刷盘洗碗时，他们就已经完成了自己的任务。难道关于父亲的想象还不够丰富吗？

我想，一定是这样的。因为新女权主义首先为父亲们提供了一个绝佳的机会，以打破传统的男性角色模式，让父亲们清楚地认识到：我想要的是什么？我想改变自己的是什么？我的孩子应该从我身上学到的是什么？我们所有人将如何变得更加幸福？从来没有哪一代的父亲会像我们今天一样拥有这么好的机遇。

在我看来，男性阐明自己对于父亲身份的态度是最重要的。我们要清晰地意识到，在我们的脑海中有许多关于父亲角色的想法始终萦绕，却根本无法为我们所用。幸运的是，我们能够发挥自己的创造力，不必将社会角色的重新定义视为一种威胁。我们开始开创性地积极塑造自己的父亲角色。正是女权主义赋予我们塑造自我角色的自由。男性应对此心存感激！

女性已经完成了最重要的工作，现在是该我们男性展现自己的时候了。因为父权制的终结不仅对于女性和母亲们来说是一个好消息，对于我们这些父亲们而言更是一件好事。

我们男性总是喜欢吹嘘自己发明了汽车、灯泡和登月火箭。那么，重塑男性在家庭中的角色应该是小菜一碟，对吧？

投入行动，更好地诠释我们的性别角色！

开始吧！

---

① 特指关爱子女，增进感情的黄金时光。——译者注

目录 | contents

第四部分 如何成为一个越来越好的父亲

第一部分

重塑父亲身份的契机

不再有“身为人父”的不安

在六月的某一天，我明白了一个好父亲应该是什么样子的。那时我六岁，几天前我的弟弟刚刚出生。我不知道应该如何准确地去描述这件事情。我以为多了个他没什么，但他太小了，什么也做不了，动不动就吵闹。

在母亲和弟弟留院观察期间，父亲开车带着我和姐姐来到位于附近森林的一处水色昏暗的池塘边。一些蝌蚪在里面游来游去。我和姐姐捉了几只蝌蚪放入玻璃容器中，观察它们如何长成一只青蛙：先是长出了“小腿”，然后长出了小小的“胳膊”，看起来有点像我那刚出生不久的弟弟——仿佛来自另一“星球”的一个可爱小崽崽。

不过，那天父亲带我们来这儿原本是打算捉一些刺鱼。这种鱼看起来精致、漂亮。雄刺鱼的腹部是红色的。父亲想要给我们的花园池塘里捞点儿刺鱼。他带了一张长长的渔网，虽然我们年纪还小，但也会帮他撒网。他像只苍鹭一般一动不动地盯着水面，静静地等待着刺鱼入网。渔网时不时地被撒入池塘中，父亲会把网拉出水面来查看，结果他捕捞到的只是一些树叶和淤泥。在这种情况下，他会再次恢复到静立不动的状态。一旁的姐姐同样在凝视着水面。他们都没有注意到我。

在池塘的中央有一片鸭棚。我沿着池塘边溜达，顺便把手里的渔网撒入池水中。我想比父亲和姐姐做得更好。如果我让池水全都穿流过渔网，那么池水中游着的刺鱼也必定会落入渔网。当时我的渔网不知被池底的什么东西卡住了，我还在想可能是捕捞到了一条大鱼。而下一秒我就已经不慎掉入脏兮兮的池水里了。

当时，我的第一个念头是游出来，可我立刻想到自己不谙水性。第二个念头是任由自己沉到池底，然后站起来走到鸭棚。没等我萌生第三个念头，父亲就已经将我拉了上来。他批评了我，但并没有生气。我们谁都没再想捉刺鱼的事。父亲也没有因为我弄脏了我们那辆雷诺 R4 的座椅而发火。不知为何，他甚至还有些高兴。

所以，这就是父亲。在那一刻我意识到：是他，在你身处险境时，挺身而出，助你脱困。只要父亲在，你就会没事。父亲会保护你。这多么好呀！

后来父亲经常在吃饭时聊起他把我从浑浊的池塘中拉出来的那一段往事。对我而言，父亲在我生命中是不可或缺的。他让我明白了，孩子为什么需要父亲。虽然我的母亲当时也会关心我，拥抱我，理解我，还会给我送上一杯热气腾腾的可可咖啡，但父亲是那个当我遇到麻烦时会冲过来帮我的人。我发现，孩子再怎么调皮捣蛋，父亲都不会轻易出手教训孩子。

你在学校操场上与同学发生不愉快了吗？别担心，你的父亲正在向老师说明情况。你被黄蜂蜇伤了？你的父亲会立刻帮你把毒刺取出来。你的脚扭伤了？你的父亲会送你去医院，他会陪着你，直到你的足骨拍了 X 光片。事实上，遇到再糟糕的事，父亲都不会束手无策。世界因此而多了一份信任。突然间，你的一切仿佛全都有了保障。

那时，我的父亲个子不高，许多其他孩子的父亲看着要比他高大一些。不过我坚信我父亲在许多方面都比他们强。但我无法形容他究竟有多么强。作为一个小男孩，我应该如何判断这一点呢？我没看到过父亲做出力拔大树或者诸如此类的动作。他也不必扛起一袋石头。我父亲当时是一名牙医，但我确信他很健壮，因为他在开设牙科门诊前曾做过一段时间船员，这可是他自己告诉我的。我没有怀疑他说的这些，因为有证据可以证明。我家地下室里存放着一个木制箱子，里面放置着一些工具。父亲私下里偶尔会让我看看这些东西。箱子里还放着一把刀，父亲在抓住绳子荡上船时会用牙齿紧紧地咬着它。他曾经说："儿子，你记住了，当你登船时，一定要确保刀刃向前！否则，当刀刃碰到你时，你的脸就会被伤到。"虽然我当时没听明白，但还是牢牢地记住了他说的这些话。时至今日，假如我要登船的话，仍会首先确保刀刃向前，当然这没在现实生活中发生过。

箱子里还存放着一个精致小巧的骷髅头，配有一双闪闪发光的宝石眼睛。他说，他们每人都有一个骷髅头。除此之外，箱子内甚至还收藏着一把小手枪。它是如此之小，以至于只能把弹药装进枪管中。他还说，当时他们总会准备一些灵活的小船来对付那些笨重的大商船。小船加小枪，非常合理！因此，我没有怀疑过父亲说的那些话。

随着我们这些子女出生并一天天长大，他开始寻求稳定的生活，故而改行学了牙医。这对我来说也是可以理解的。但我敢肯定：如果真要遇到什么困难，父亲也是有能力应对的。这种感觉让人很放心。

他没有忘记自己以前的那些经历。如果我今天问到他这些事情，他还是会这样肯定地回答我。或许真是那样吧。

我有四个女儿，她们分别是九岁、十五岁、十六岁和二十二岁。父亲是我的主要身份。当我庆祝自己的五十岁生日时，成为父亲的这段经历比我生命中的其他任何经历都要更长久一些。

如今，父亲身份似乎颇为复杂。父亲们都渴望成为一位好父亲，却又很迷茫。许多人对好母亲形象有着清晰的认识：好母亲不但富有爱心和同情心，而且乐于付出。那么，好父亲是什么样的呢？好父亲形象不断地被那些聚焦于父亲话题的博客、播客和杂志重新定义：有时，父亲是母亲的好助手；有时，父亲是保护家庭的好榜样；有时，父亲是孩子的好伙伴。当然，父亲也可以是一位甘愿为妻子付出的好丈夫。这些“超级父亲”会给出这样的建议：“这就是你成为一位好父亲的方式方法！”有些时候，成为父亲似乎更像是一种有趣的互动：在广告视频中，六天没刮胡须的父亲与孩子们在大自然里尽情地嬉笑玩闹着。当我看到这样的画面时，我就在想我上一次带着孩子们在草地上玩耍，那是什么时候的事了。随后，我会从父亲的角度出发，进一步审视并调整自己。

至少我可以说：在生活中没有什么事情要比成为父亲更加充满乐趣了。做父亲既不是一份工作，也不是一项必须履行的、令人讨厌的义务。成为父亲是一名男性所能经历的最伟大的挑战。没有什么比照顾孩子更具有挑战性，也没有什么比照顾孩子更能让你感到满足和欣慰。人类历史上成为父亲的最佳时机，或许已经悄然而至。因为这是男性第一次可以在不受外界约束的情况下养育自己的孩子。以往总有形形色色的人，自以为非常了解父亲身份，喜欢到处指指点点，他们规定了“父亲的义务”是什么；他们知道“真正的男人”必须要做什么。然而，对于我们而言，这样一个不容置疑的权威已不复存在。我们不会再被这样的权威规训，应该如何对待孩子，以及如何看待这件事情。这样的权威既不是出自传统习俗，也不是源自教会，更不是来自我们的雇主。

我们的祖父没有这样的机会，我们的父亲通常也没有这样的机会。就连二十多年前，当我第一次成为父亲时，也不曾有过这样的机会。如今在这伟大的人生剧本中，我们终于可以自己书写父亲的角色了！

我们不必再背负一些强加于我们的严格期望；我们不必在表格上打钩来证明我们“已经完成了所有父亲该做的事情”；我们不必再为了说明我们做得对，而遵循条条框框，即使我们觉得那些并不对。这会让我们深感不安。每当我们认为自己当下已经明白了一切时，之后必定会再次陷入深深的困惑之中。

如今究竟需要什么类型的父亲，以及他必须能够做什么？对此，社会上已有诸多探讨。以前的父亲形象已经不再让人觉得是真实的：家庭的保护者、养家者、一家之主。此外，还流传着一个人人都满怀期待的“新式父亲形象”，但人们不知道这一形象到底是怎样的：他是那个三天不刮胡须，且留着六块腹肌在扮演“母亲形象”的人吗？他是那种“兼职”的养家者和“包月付费”的游戏伙伴吗？或者他是以往那种全天陪伴着孩子，并且能够善解人意的好父亲？在这些不同的类型中，你甚至都不知道自己应该全力追随哪一种类型。

我们需要的不是哪种类型，而是需要对父亲身份做出积极的、快乐的定义。这是因为截至目前，父亲总是被冠以“缺位”之名。父亲现在承担的角色还远远不够，不够尽责，不够阳刚，以及在被需要时，出现得不够多。他们被指责不顾家庭，将精力过度集中在事业上。作为丈夫和父亲，在休育儿假期间，修补长久以来父权制带来的负面影响是无法摆脱的念头。仿佛既应该为自己的与众不同感到自豪，又应该为自己可能并不完全与众不同而感到羞愧。

我认为，父亲是人生中一笔巨大的财富。父亲应该思考如何才能使自己成为弥足珍贵的财富，而非只是在想自己身上有哪些问题。

瑞士教育学家玛格丽特·斯塔姆（Margrit Stamm）以批评者的身份批评人们站在负面视角来讨论男性气概。她认为，这些讨论都过多地集中在父亲承担家务的占比之上，而未注意到，成为父亲不仅是要去做一些家务，也不仅是要随叫随到。她对以下观点持怀疑态度："如果父亲合理利用时间，就会自动减轻母亲的负担，促进孩子的成长，让婚姻变得更加幸福。"到现在为止，实际情况并非如此。"因为除了父亲的家庭角色，很显然其他因素也起着重要的作用。"她认为，核心问题是我们想象中的好丈夫是怎样的呢？

她指责那些呼吁延长父亲育儿假的人们"观点狭隘"。她说："在德语国家中，大多数的父亲仍然是家庭的经济主力，他们创造了四分之三的家庭收入。因此，他们并不都是糟糕的父亲。我们的研究表明，也有一些父亲，在工作中付出相对较多。可是一旦他们闲下来，如在周末，就会全身心地投入到自己的孩子身上。"她认为，一个尽心尽责的全职父亲或许要比一个"无精打采的兼职父亲"更有意义。

同样，只是因为父亲休了额外的育儿假，并做了很多家务活，但父亲并未回答他想要给孩子传达的是什么。好丈夫未必是好父亲。这并非意味着男性不应该休育儿假，又或者他们应该继续扮演养家者的角色。相反，男性必须意识到，父亲的作用远不止于此。实际上，平等地分担家务活是夫妻之间理所当然的事情，但孩子们并不关心究竟是谁做的家务。孩子们视之珍贵的是父母之间能够相敬如宾。对于他们而言，父母对他们的爱和关心尤为重要。而至于如何分配家务活，只要父母双方乐意，其实孩子们可能并没有那么在意。

一些男性总喜欢抱怨：还是以前更自在。那时日子还不错，父亲只需去工作，之后还可以和同事一起喝一杯，人们依然知道父亲和母亲各自的分工。父权制的美好时光停留在了女权主义的到来之前。

而在这本书中，我的观点恰恰相反。我认为，父权制的终结对于男性（特别是对于父亲们）而言是一种解放。因为过去设定的那些角色和任务对我们父亲群体造成了很大的伤害。

对于父亲们来说，父权制的终结意味着，我们第一次有机会成为我们想要成为的那个父亲。我们将摆脱传统观念中的父亲身份、男性气概的束缚。我们将克服那些阻碍，开始对自己的身份和生活感到满意。在父权制时代下，父亲们和母亲们一样深受其害。

父亲们不必怀念过去。在一个只有少数男性受益的社会体系中，父亲们也是失败者。尽管如此，男性依然是赚钱的主力，在事业上时常会被优先考虑。他们站在政界和商界金字塔的塔尖，男性高层占比达 70%。在 DAX 公司[①]的董事会中，女性成员仅约占五分之一。平均而言，男性的收入比女性高出近 20%。在劳动力市场上，多数女性在从事着低薪工作或兼职工作，而且逾八成的家庭暴力受害者都是女性。自 #MeToo 运动爆发以来，人们已经不再怀疑女性在职业（以及在她们的私人生活）中所忍受的各种侵扰。

然而，男性主导社会，并不意味着对于男性而言，这始终是一件美好的事情。实际上，当人们关注到以下数据时，则会发现确实如此：据联合国统计，在暴力犯罪案件中，男性受害者占比达 80%；在自杀事件中男性占比达 75%；男性患上心血管疾病的几率更高；大约有四分之三的无家可归者是男性；男性的平均寿命要比女性少四年多；男性失业率约为 8%，而女性仅为 6.4%。医学研究发现，男性的术后死亡风险比女性高出接近一倍；在事故中，男性罹难者占比超过 70%。

经济学家兼男性顾问鲍里斯·冯·海森（Boris von Heesen）在他的著作《男人的代价》中，试图统计父权社会的附带损失。以 2021 年为例，监狱内的男性囚犯占比高达 93.96%；在特大盗窃案中男性罪犯达 87%；男性酒精中毒者达 73%；在吸毒案件和赌博案件中，男性罪犯分别达到 80% 和 88%。最终，他计算得

① 德国 DAX 指数是德国重要的股票指数，包含多家德国公司，这里的“DAX 公司”指的是这些德国公司。——译者注

出，这一年男性因伤害他人和自我伤害而实施的行为，共计造成630 亿欧元的额外损失。

如今，虽然男性寿命或许更短一些，但是他们认为自己可以影响这个世界，因此比女性感到更幸福。而当你询问男性和女性对当前生活的满意度时，通常女性会认为自己更幸福，起码年轻女性会有这样的想法。

再比如，相较于女性，男性的失业率更高。麦吉尔大学以色列裔加拿大社会学家伊兰·肖尔（Eran Shor）的一项研究发现，失业会造成男性的死亡风险上升 78%，而女性的死亡风险仅会上升 37%。失业对五十岁（含）以下的男性影响更大，这是因为他们可能还需要抚养孩子。而他们恰恰认为赚钱养家是自己的天职。所以他们会在失业后陷入颓废。

维也纳人口研究所研究小组组长马克·卢伊（Marc Luy）甚至认为家庭主夫是当今社会最危险的职业之一：长期居家男性的死亡风险要高于架子工、屋顶工和矿工。究其原因，不外乎今天的男性在生病或失业后总喜欢把自己封闭在家中——这往往与不健康的生活方式有关。

因此，父亲们有足够的理由希望这个时代能够有所改变，他们渴望自己能够发挥出积极的作用。正因为他们是父亲，他们将会成为孩子的榜样，就像是他们视自己的父亲为榜样一样。

对我来说，当下父亲身份的特殊责任在于：父亲们要意识到自己学到了什么，想要传递的是什么，不愿传递的是什么。心理

学家迈克尔 · 兰姆（Michael Lamb）说："绝大多数成为父亲的男人所认识的唯一一个与孩子关系密切的男人，即是他们自己的父亲。"迈克尔 · 兰姆是美国父职研究领域的先驱者之一，从 20 世纪 70 年代开始他就在剑桥大学开设了这门学科。据他所说，父亲们往往遵从儿时从他们的父亲那里习得的行为方式，无论这些行为方式是否会令人感到愉快。

既然如此，我们要从何做起呢？首先，我们应该接受并承认，自己既不是超人也不是超级父亲。我们不是冰冷冷的机器，既能在工作中创造奇迹，又能在家庭中表现出色。许多男性认为好父亲意味着他们只需要在待办清单上额外列入一些事项，接着逐个勾选，以此来确定自己做得很好：做家务了吗？勾选！哄孩子睡觉了吗？勾选！为孩子朗读了吗？勾选！好好陪伴孩子了吗？勾选！

本书的写作初衷不是为了探讨这些内容，也不是要引导男性成为超级父亲。父亲每天花费多少时间来陪伴孩子是最好的，是休三个月还是六个月的育儿假，父亲是去做父子疗愈还是邀请其他父子一起去吃烧烤，这些都不是本书的内容。本书的重点不是要描写父亲分担了几成家务（当一位女性的老公说他不善于熨衣服和洗碗刷盘时，我个人建议她立马去找个能麻利干这些活的人）。我主要想探讨的是，今天的父亲是什么样的？父亲们应该如何定位自己的身份，如何陪伴孩子成长？这正是本书的核心所在，而不只是在任务清单上勾勾选选，就觉得自己尽到了应尽的责任。

首先，男性完全有理由让自己放松下来。没有什么事情对于父亲来说是必须做的，父亲也不必非得要坚持自己的想法。虽然这些想法在日常生活中很重要，但抚养孩子完全是另外一回事。我们的父亲角色并不是预先设定好的，这意味着我们必须要自己塑造父亲角色，没有人会为我们代劳。

其次，追求完美意义上的父亲形象是很累的。简单地遵循一些既定的方法可以省去许多工作。身负为自己和家庭寻求幸福的重任，反而会让父亲们陷入迷茫。当他们不知所措时，不得不后退一步。最重要的是，父亲们必须认真思考自己的身份，并且必须意识到，这个过程虽然有些艰难，但也会令人开心。

好父亲形象是不可或缺的，许多研究都有力证明了这一点。长期以来，教育科学和心理学并未重视父亲的角色。按照弗洛伊德（Freud）的精神分析观点，母亲和孩子之间存在一种共生关系，而父亲更像是一个竞争者。

与此同时，有些研究表明父亲的存在对孩子至关重要。如果在母亲怀孕期间，父亲能够陪伴左右，那么生下健康宝宝的机会就会增加。父亲还能够帮助提升孩子在集体中的执行力和自信心。在抚养孩子的过程中，倘若父亲能够积极地表达自己的价值观和想法，那么孩子将会获益良多。一些研究甚至表明，在某些领域父亲比母亲更有影响力。德国籍希腊裔教育学家瓦西里奥斯·菲纳克思（Wassilios Fthenakis）早在 20 世纪 90 年代就已经发现，工作顺利和心理健康在很大程度上取决于孩子与父亲的关系，而不是取决于孩子与母亲的关系。如果孩子能够与父亲建立良好的情感联系，可以得到父亲的尊重和重视，那么孩子将来过上幸福生活的概率就会更大一些。

在美国，人们在很早以前就已经认识到有一个顾家的父亲是多么重要。奥巴马（Obama）在担任美国总统期间曾推出一系列面向父亲们的支持方案。他在 2011 年的父亲节为《人物》杂志撰写了一篇文章，讲述了他年少时没有父亲陪伴所遭受的痛苦。在他两岁时，父母就离婚了，不久后他的父亲去世了。"Fatherhood.gov"网站也曾在奥巴马执政期间推出了面向父亲们的方案，以及发布"父亲宣言"的机会。这不仅仅是一种典型的美国式现象：据估计，在美国超过 20% 的孩子在成长过程中缺少父亲的陪伴。由此导致一些社会问题：在缺少父亲陪伴的情况下长大的孩子，拥有良好教育和成功事业的机会更少，将来拥有一个正常家庭的概率也会更小一些。所以在某些情况下，父亲的存在会很有帮助。

在德国，人们比以往更加重视在养育孩子过程中父亲的角色。政府鼓励父亲们休更长的育儿假，他们本就应该在孩子出生时享有休假的权利。父亲身份终于受到了更加广泛的研究和关注。柏林教育科学家利塞洛特·阿纳特（Lieselotte Ahnert）建立了一个遍及欧洲范围内的父职研究网络。她认为，父亲应该在抚养孩子方面发挥更大的作用。她还发现，父亲为孩子的付出远比人们通常认为的要更多一些。她让 200 位父亲记录了自己在一周内的日常活动。结果显示，大约三分之一的父亲会全天陪伴着自己的孩子，三分之一的父亲会积极地去陪伴孩子，三分之一的父亲会表现出对孩子相对有限的关心。该现象也符合民意调查的数据。在德国联邦政府于 2021 年最新发布的官方“父职报告”中，69% 的年轻父亲表示，相较于他们自己的父亲，他们会为孩子投入更多的时间和精力，他们觉得这样的变化让他们受益匪浅。

如今，如何尽到自己作为父亲的责任？对于父亲们而言，他们比以往任何时候都要思考得更多。那么，这意味着什么？好父亲是什么样的？当然，科学家一直在为此找寻答案，而且颇有所获。早在 20 世纪 90 年代，社会科学家阿尔茨 · 赫尔思（Alois Herlth）就开始在比勒费尔德大学研究积极的父亲特征。他发现，首先，最重要的是，父亲要具有家庭意识。换句话说，父亲要有兴趣，并积极地参与到抚养孩子的过程当中。其次，特别重要的是，父亲在与孩子相处时体会到的幸福感。通常，一位能够在与孩子接触过程中汲取力量的父亲，同样会是一个能够给予孩子更多支持和力量的父亲。最后，母亲对于父亲的满意程度，这一点也很重要。总而言之，正如比勒费尔德研究小组所发现的那样，一切都取决于父亲“在家庭关系中的感受能力”。一个善解人意的、关心孩子成长的父亲能够在最大程度上给予孩子帮助。阿尔茨 · 赫尔思说：“一个好父亲往往是坦诚的、感性的，他可以接受和满足孩子对他的情感需求。”

不过，如何才能成为这样的好父亲？如何在众多的父亲类型中塑造适合自己的父亲角色？你想要成为怎样的父亲？这些问题最终都取决于你想要在孩子的日常生活中扮演什么样的角色。然而，为了能自觉地扮演好理想的父亲角色，我们首先必须要知道，所有这些影响我们如此之深的关于父亲的社会观念到底从何而来。所有这些来自外界和自身的要求，全都拥有其特定的历史。今天的父亲们同样身处在这样的历史当中。我们的认知在很大程度上会受到父母的影响。我们又会将这样的认知传递给我们的子女。我们能恰当处理亲子关系的前提是，我们是否真正了解自己的认知和面临的挑战，以及它们究竟从何而来。因此，我将首先在这本书中回顾关于父亲身份的历史，以探索其来龙去脉。

我们最终可以摆脱哪些父亲角色

在确定我们自己的父亲角色前，我首先会对社会上存在的不同的父亲角色加以概述，旨在说明我们应该勇敢地和哪些父亲类型划清界限。换言之，这是在为我们塑造自己的父亲角色做准备。

现代意义上的父职研究始于20世纪80年代初期心理学家迈克尔·兰姆的著作《孩子成长过程中的父亲角色》。该书书名尽显全书的核心内容，即父亲身份是一种角色。父亲对于孩子的重要意义，不仅仅是因为他提供了X染色体和Y染色体，更因为他在孩子的生活中扮演着重要的角色。父亲为孩子的付出具有特殊的意义。父亲可以让他的孩子感受到被关注、被认可和被保护。因为父亲为孩子所做的都是一些专属于父亲能够做的事情。他之所以能够成为父亲，应归因于其切实的行为，而非其遗传因素。

每一位父亲对于父亲身份都有自己的理解。事实上，塑造父亲身份的方式是多样化的。在当下的社会和文化中，存在着诸多关于父亲身份的看法，我们对此展开全新的认识。

首先，是全能型父亲。而最伟大的全能型父亲可能是出现在世界经典之作的第一句话中："起初，上帝创造天地。"神父是造物主。然而，在《圣经》中，上帝同时是以严父和慈父的形象出现，后来在《马太福音》第 6 章（9 至 13 节）中，被认为是值得崇拜的"我们在天上的父"。无论我们如何看待他，可以确定的是，他的意志已经实现。

《圣经》中有许多关于父亲的内容：从祖先亚伯拉罕开始，到大卫王，再到圣若瑟（大卫王家族后裔）。即使在今天，教皇仍以圣父的身份示人。在宗教语境中，圣父总是被要求善良、严厉。最重要的是，他是公正的，与慈爱的圣母形成鲜明的对比。这表明在西方文化起源之初，母亲和父亲就被视为不同的角色。

总体而言，我们的文化对父亲形象的影响远大于对母亲形象的影响，或许是因为对母亲形象的争议较小。母亲通常会倾尽所能地关心和照顾自己的孩子。而父亲可以值得信赖地做更多的事情。

回望漫长的文化史，父亲经常被描绘成奔波忙碌的人物形象，但并不一定会关心自己的孩子，其他事物总是被放在更高的位置。比如，莎士比亚（Shakespear）创作的戏剧作品《亨利四世》中渴望权力的亨利国王，他为权力费尽心机，而他的儿子却恣意享乐；再比如，弗里德里希·席勒（Friedrich Schiller）创作的戏剧作品《威廉·泰尔》中的父亲，他为瑞士人的自由而战。在阴险狡诈的官员的命令下，他不惜将自己的儿子置于险境，亲手用弓箭将儿子头上的苹果射落。

在现代文化领域，这种类型的父亲总是以忙碌的、难以捉摸的形象出现。他与孩子关系疏远，因为他满脑子想的都是工作和各种各样的“使命”。比如《钢铁侠》漫画中的工业家霍华德·史塔克（Howard Stark），作为斯塔克工业的创始人，他忙碌于自己的事业，无暇照顾儿子。

其次，是专制型父亲。这样的父亲是令人恐惧的、具有攻击性的。比如弗兰兹·卡夫卡（Franz Kafka）创作的《变形记》里的父亲，他控制着儿子的思想。当儿子在一夜之间变成一只甲虫后，父亲反而对他恶语相向，凶狠地用苹果打他。其中一颗苹果卡在成为甲虫的儿子背上。随着苹果的腐烂，儿子慢慢地中毒而死。

同样十分危险的是，马龙·白兰度（Marlon Brando）在《教父》中饰演的黑手党首领维托·柯里昂（Don Vito Corleone）：一位无所不能又不择手段的父亲。这类父亲以某种可怕的方式左右着自己的孩子，总是将自己的意志当作是宇宙的意志。至少达斯·维德（Darth Vader）就是这样的父亲。他在《星球大战》中作为儿子的恶毒对手出现，甚至曾想把这个秉持理想主义的孩子带到“原力的黑暗面”。这大概就是霸道父亲的极端类型吧。在儿子身上，他只想看到自我的延续。

接下来，是当家型父亲。此类父亲会照顾他的孩子，但通常是出于某种道德传统和特殊目的，比如涉及公司、家族、王国。那些拥有严格道德认知的当家型父亲们努力地让孩子们做好应对严酷世界的准备。相关的经典人物即是托马斯·曼（Thomas Mann）的小说《布登勃洛克一家》中的那位父亲，他试图阻止其家族商业帝国的衰落。与他相似的还有《权力的游戏》系列中的艾德·史塔克（Eddard Stark），作为临冬城的领主兼北境守护，他让他的孩子们做好准备迎接严峻的未来。

在文化史上，单纯想保护孩子的父亲并不多见。在约翰·沃尔夫冈·歌德（Johann Wolfgang Goethe）创作的《魔王》中提到了这样一位父亲，他试图保护自己的儿子不被强大的自然精灵抓住。遗憾的是，其篇幅只有 32 行，创作效果甚微。

虽然慈爱的、权威的父亲很少见，但也不是完全没有，比如埃·奥·卜劳恩（E. O. Plauen）于 20 世纪 30 年代创作的漫画书《父与子》。书中的父亲会帮儿子写作业，作业写错后，父亲甚至会替儿子受罚。

后来又出现了一种父亲类型——讨人喜欢却又力不从心的父亲。如 20 世纪 80 年代的电视剧《家有阿福》中的角色威利·坦纳（Willie Tanner）。他是一位护家型父亲：他显然试图让住在他家里的、思绪混乱的外星人恢复理智，最终未取得成功。再比如《海底总动员》中过度保护孩子的鱼爸爸马林（Malin），以及《瑞克和莫蒂》中失业在家的父亲杰瑞（Jerry），他的不安情绪让所有人都受到了影响。他是一个不太用心的教育者，一个不值得效仿的反面案例。

还有一类父亲：他们几乎无法走出自己的童年阶段，迫切需要他人的照顾。如凯文・史派西（Kevin Spacey）在《美国丽人》中饰演的莱斯特（Lester），因无法走出中年危机和爱恋女儿最要好的朋友而遭人嘲讽；又如《辛普森一家》中的黄胖子荷马・辛普森（Homer Simpson），他愿意为一个三明治去做任何事情，却不会为他的孩子付出太多；再如动画片《恶搞之家》中胖乎乎的父亲皮特・格里芬（Peter Griffin），不仅嗜酒成性，看电视成瘾，还喜欢性别歧视。此类父亲无非是独裁的当家人形象留下的一个笑柄。

面对所有这些正常的或者扭曲的父亲形象，人们现在开始重新认识自己的父亲身份。或许，每个人的身上都带有几分这样的父亲形象：有点像亨利四世，有点像荷马・辛普森。有时父亲过于自我，有时父亲无微不至，有时父亲又像个笨蛋。

在不同的人面前，我们扮演着不同的角色，这对我们提出了不同的要求。我们的伴侣期望我们扮演着不同于雇主的角色，而雇主的角色又不同于我们在熟人圈子中扮演的角色。我们有可能会将这些角色搞错，有时是因为我们忘记了应该如何扮演好这些角色，有时是因为我们混淆了这些角色。

在此，我将聚焦于有了孩子后男性会关注的两个角色：作为一个男人，在社会视角中所扮演的角色，以及作为一个父亲所扮演的角色。这是因为许多父亲分不清两者的区别：作为男人，我必须承担起什么责任；作为父亲，我必须尽到哪些义务？

到底是什么让我们成为男性？这不仅是我们的生理性别，更是我们的社会性别，尤其是我们身在父权社会的背景下。“父权制”一词源自拉丁语，字面意思是“父亲的统治”。父权制下的一切似乎都和“父亲至上”有关：在政治层面是国家领导，在经济领域是酒店老板，在教育系统是博士生导师，在家庭内部是一家之主。父权原则赋予权力和责任合法性。如果没有对于父亲身份的崇拜，或许圣诞老人的人物形象就不会存在。圣诞老人出现于 19 世纪的德国，是一个如同父亲一般送来礼物的形象。他从森林里来，带着一根拐杖和一袋礼物。从某种程度上讲，圣诞老人是父权制的另一种体现。

然而，“父权制”并不意味着一个个可能没有太多共同点的男性和父亲，而是意味着一种社会秩序，它定义了女性和男性的角色，并且在父权系统中对女性和男性加以定位。男性主导社会，他们占据着重要的职位，拥有更好的法律地位。有趣的是，虽然在许多方面男女差别微乎其微，但众所周知，这样的性别隔离和男性主导地位几乎是无处不在的。这是否只和男性强健的身体优势有关还尚不明确。男性的统治地位由来已久，以至于我们无法找到任何关于其起源的材料。但我们不能假定这一现象“本该如此”或者是一直存在的。

法国史前史学家玛丽莱娜·帕图-马蒂斯（Marylène Patou-Mathis）收集到各种迹象表明，在早期的狩猎采集社会中，女性像男性一样参与狩猎，并分担其余的事情。如我们所知，在法国南部和西班牙遗存的洞穴中，留有大量出自于 30000 多年前的手印，其中大部分是来自女性。洞穴墙壁上画有女性狩猎采集者的画像。早期的坟墓有些时候并不能反映出男性墓主人和女性墓主人在地位上有何不同。女性骨骼的磨损迹象也表明，很久以前女性和男性一样会经常性地投掷长矛。

由此可以推测，人类以男女平等的方式生活了数千年，一直到大约 12000 年前农业社会出现，人们开始收割和储备粮食。由于人们在定居下来后必须要保护这些粮食，身强力壮的青年男性在共同保护村庄免受入侵者掠夺上无疑具备很好的优势。女性想要得到男性的保护，就不得不遵守他们定下的规则。父权制就此诞生，并影响至今，随处可见。我们很难验证其真实存在的时间范围，毕竟它起始于一个我们没有任何记录的时期。

然而，在父权社会下，权力的分配绝对不会惠及所有男性。社会学家安娜·布施迈尔（Anna Buschmeyer）致力于社会层面男性形象的研究。她说，父权制下提及的“男性气概”这一概念通常会被描述为“霸权男性气概”。这里指的是男性的双重统治地位：其一，是对男性竞争对手的统治地位；其二，是对女性的统治地位。她曾说道："一个非常有趣的问题，即社会的发展是否允许出现'男性气概'的替代概念。"

"霸权男性气概"这一概念与某些特定的观念有关，如竞争导向、强硬态度、统治地位、阳刚之气和绩效导向。那些被认为性格温和的男性很难会被视为"真正的男人"。在父权社会里，同性恋者恐怕只有隐藏自己的性取向，方才有可能会取得成功。这就是为什么生活在父权社会中的男性总是希望去展现自己是一个"真正的男人"。

今天，我们依然经常在媒体上看到"霸权男性气概"这一概念：在某些动作片中，如果一个弱小的男人会成长为一个"真正的男人"，大多时候是因为他敢于冒险，在危急时刻挺身而出，又或者是因为他在一番思想斗争后奋力反抗。就像在罗兰·艾默里奇（Roland Emmerich）执导的电影《独立日》中，原本性格懦弱的主人公通过克服恐惧，驾驶宇宙飞船对抗外星人，成为了救世主。

因此，当一个男人能够战胜他人或者成为主导者时，以及当他想要表明自己比别人更强时，他就会成为一个"真正的男人"。究其原因，不外乎是他因自己的男性身份得到认可而心生优越感。

这种现象也被称为"英雄之旅（Heldenfahrt）"，该表述最早可追溯至20世纪中叶美国文学学者约瑟夫·坎贝尔（Joseph Campbell）的相关研究。因此，许多神话故事的人物原型框架由此衍生，在《星球大战》或《指环王》这样的电影中，男英雄往往都会经历磨难，走向成熟：他开启寻师学艺之旅，他必须奋勇战斗，直至在最后一战中大放异彩。他将以英雄之身份再次归来。这即是他想要成为男人、成为勇士的初衷。这一切听起来很酷！只不过这样一个英雄很少会有四个孩子，而且他必须竭尽全力地为这些孩子的一生保驾护航。

虽然成为父亲的这段经历与“英雄之旅”基本上没有什么联系，但是人们仍然喜欢借此来形容做父亲的所经所历。我曾经在一本讲述成为父亲的指南书中看到过这样的内容：对于父亲们而言，他们即将迎来人生中的重大决定，他们必须克服阻力，特别是自己心中的那些阻力。然后下定决心去迎接挑战，同时敢于与各种未知的困难作斗争。最后，作为回报，他们将会拥有自己的宝宝。而最为重要的斗争则发生在妻子坐月子期间。

讲到这里，我觉得有意思的是，女性在孕期的九个多月里，忍受着各种艰难，照顾着她身体里不断成长的孩子。最后，她经历了前所未有的疼痛，拼尽全身气力生下了孩子。而当孩子被父母抱在怀里时，他们又有谁会觉得自己是个英雄呢?

在妻子坐月子期间，丈夫真正要做的是承担起自己的责任，细致入微地关心和照顾自己的妻子。然而，这种情况却被称作是“诸神的黄昏之战[①]”。准爸爸们深以为然，觉得说的就是自己。由此可见，今天有多少男人仍然认同这一刻板的性别印象。

---

① 诸神的黄昏之战：北欧神话预言中的一连串巨大劫难，包括造成许多重要神祇死亡的大战，此处运用了比喻的修辞手法。——译者注

以色列社会学家什穆埃尔·艾森施塔特（Shmuel Eisenstadt）曾写道："在人类社区中，身份认同已经成为理解平等和差别的首要概念。"基于我们的身份认同，我们将自己置身于社会之中，并从中获得生存的权利。身份为我们提供了一种在社会中活动的社会框架。

在封建社会，人的身份是由其出身所决定的，而现代人的身份是由许多方面共同构成，例如出身、社会阶层、种族背景、性别等。当身份受到质疑时，我们会感到社会压力，担心自己将不再被自身环境所接受。由此会带来一系列的影响，例如，在找对象时、在朋友之间或者在工作中。

今天许多父亲都在抱怨自己扮演的角色，这或许也是一个关于身份认同的问题。我想成为谁？我应该是谁？我被认为是什么样的人？社会学家安娜·布施迈尔说："父亲形象与男人形象密切相关。毕竟'成为父亲'被视为'成为男人'的一部分。"

在关于"新式父亲"的讨论中，根本没有探讨"新式父亲"应该为孩子做些什么，而是在探讨他是否是一个"真正的男人"。如果他投入更多精力去照顾孩子，是否会让他变得不再强大。但这本书不是在讲父亲应该如何保持强大、冷静和独立。相反，我相信没有什么事情会比照顾孩子更让人不冷静的了。我最关心的问题是：孩子需要父亲做什么？因为孩子并不关心父亲如何维护自己的男性气概。这反而是件好事：你可以是一个相当平庸的、"传统"的男人，同时，你也可以是一位优秀的父亲。

当人们回想起为什么喜欢自己的父亲时，常常会分享一些与父亲的共同经历，话语间流露出对于父亲的爱和敬重，而无意言及他们的父亲多么有男性气概。在迈克尔·兰姆看来，父亲表现得多么有男性气概，对于成功育儿这件事没有任何影响，关键是要看父亲是否能够真正地参与到育儿过程中。因此，作为男人面对这个社会和作为父亲面对自己的孩子是两件截然不同的事情。孩子愿意接受他们父亲本来的样子。

这就是今天成为父亲的大好时机。男人习惯于站在外部视角来审视自己，并且会根据外部标准来评价自己。而这些外部标准一般是建立在客观参照之上，其中有我们必须要实现的关键指标。锻炼时，我们会看看时间，甚至会看看健身追踪器，以判断我们是否满意自己的身体表现。我们的标准总是来自他人（评价我们的人或与我们作比较的人）的标准。这些人通常与我们存在竞争关系：游戏中的竞争对手，市场中的竞争对手，甚至是个人感情上的竞争对手。总应该要有一些标准可以让我们用来自我衡量，毕竟，做男人就意味着要表现自己。

许多男人也以这种方式看待他们的父亲身份。我们需要明确的指示，我们需要规则，我们需要可以遵循的外部规范。或许我们想把父亲身份当作另一份工作或者另一项任务来对待。我们想要知道如何完成这个任务，勾画哪些检查清单，以确定自己是否完成了所有事情。然而，这并不现实。世界上只有一个人可以教会你如何成为一个好父亲，那就是你自己的孩子。

孩子是检验一名男性成为一个好父亲的关键，亦是参照。在与孩子的接触过程中，我们会获得快乐和找到成就感。好消息是，最初孩子对于父亲的期望是很容易实现的：陪在我身边，可以随叫随到！而这面临的挑战在于，我们必须摆脱萦绕在我们脑海中关于父亲角色的那些观念。唯有此，才能在真正意义上去陪伴自己的孩子。对于我们的孩子来说，唯一重要的角色就是我们作为父亲所扮演的角色。

我想更详细地解释一下“父亲角色”与“母亲角色”的区别。父职研究员迈克尔·兰姆对两者的区分如下：他认为，当孩子与更具保护性和亲密性的人（通常是母亲）建立亲密联系，并且身边有更具挑战性的人（通常是父亲）不断提出要求时，孩子将会受益匪浅。后者在应对外部世界时更强大，也是孩子在成长过程中不断看齐的榜样。

“角色”一词的意思是，重要的不是谁单独与孩子接触，而是这种关系是如何形成的。简而言之，总会有人扮演父亲角色，也会有人扮演母亲角色，只是并未明确这些角色具体是如何划分的。如今，在大多数由生父和生母陪伴孩子长大的家庭里，父亲角色是由生父所扮演。但也不完全是这样。总体来说，德国只有大约 80% 的家庭是由父亲、母亲和孩子构成的传统家庭关系。剩下的 20% 是单亲家庭。在九成以上的单亲家庭中，母亲是一家之主。这并非意味着将近五分之一的家庭缺乏来自父亲一方的关心和爱护。因为“父亲角色”并不一定非得是由亲生父亲或者是一位男性扮演。最重要的是，当父亲角色被扮演了时，这首先意味着孩子身边的某个人承担起了这份特殊的责任。任何一位深受信任的人都可以这样做。通常情况下，扮演这个角色的是孩子的亲生母亲。这适用于所有不是按照传统模式构建起来的家庭，如拼凑家庭、同性家庭等。

迈克尔·兰姆对父亲角色展开的研究表明，性别和性取向对于家庭角色的承担并不具有决定性意义。如果孩子身边有好几位性格不同的人，这对孩子是有好处的。“对于大多数孩子来说，现实情况是他们拥有一个男性家长和一个女性家长，且家长都认同各自的性别。但重要的不是性别，而是父母双方都真正地参与了这段家庭关系。”此外，这同样适用于传统的核心家庭。在这里，夫妻双方可以按照最适合自己的方式来分配父亲角色和母亲角色。母亲可以扮演传统的男性角色，而父亲也可以扮演女性角色。迈克尔·兰姆说道：“现在人们知道重要的不是性别了。长期以来，研究都集中在异性恋家庭上。即便如此，事实证明，不论父亲是否有表现出典型的男性行为，对于家庭关系的好坏都不会产生影响。”不久后，这项研究将会扩展到非传统意义上的家庭关系之上。他说：“愈加明显的是，我们原本认为性别和性取向是重要的，可研究结果却表明它们并没有那么重要。”

所以最重要的不是性别，而是亲子关系的质量。这本书中的“父亲角色”旨在探讨这种关系。而父亲指的可能是亲生父亲，也可能不是。

作为孩子父亲的角色是你一生中最重要的角色。作为父亲，你要想获得成就感和充实感，就不能用社会的眼光来看待自己，而是要用孩子的眼光来看待自己。这听起来很简单。但这意味着，你首先要让自己摆脱生活中遇到的各种标准。这对你来说是一种挑战。虽然标准会提供指导和方向，让人觉得有安全感，但是照顾孩子会是一件任何事情都无法与之比拟的、令人无比激动的事情。

我有孩子了？天哪

在我知道自己就要成为父亲的几周前，我甚至不知道应该如何度过这一生，或者应该与谁一起度过。那时，我二十五岁。总的来说，我已经意识到孩子会在某个时间成为我生活中的一部分。我根本无法想象没有孩子的生活会是什么样的。

不过，我当时并不觉得孩子有多可爱。我发现，孩子特别依赖父母，时刻离不开父母的陪伴。当我看到孩子打嗝儿将胃里的食物吐到自己的母亲身上时，我很惊讶，母亲居然没生气。

我知道在父母的房子里经常会放着一些让宝宝用来做游戏的毯子、玩具树和围栏。我不明白怎么有人会因为这些东西而感到幸福。对于我而言，孩子似乎能够消耗掉一个父亲的一生，仿佛会让父亲成为一只必须不断为鸟宝宝喂食的小鸟。我知道终有一天我也会成为那样的一只小鸟，但是或许我距离那一天还有些遥远。

我无法想象没有孩子的生活，我同样无法想象有孩子的生活。实际上，这两种全然不同的生活都令我无法想象。毕竟，我应该很快就会经历一个陡峭的学习曲线。

就在我知道了成为父亲的意义之前，我甚至已经知道做一个男人意味着什么，至少表面上是这样。我通过了新闻学院的入学考试。在那里，我的周围都是年轻人，他们都在规划着自己伟大的事业——成为一名调查记者，或者走进荧幕。而我对这些一无所知。我只不过是这个世界上的一个微不足道的男人，身形又瘦又矮，喜欢穿紧身牛仔裤和 T 恤。

刚开始，我在一家聚焦于男性话题报道的杂志社实习。我突然发现自己会在编辑部的选题会议上和一些真正的男人一起谈论高速前行的汽车，什么样的女性形象适合用来做封面，以及作为一个真正的男人应该如何在两名飞行员都失去意识的情况下安全降落飞机。编辑部的男人们还会感兴趣的话题是：如何赤手抵挡鲨鱼的袭击，以及当你在街上任意走近一名女性，向她打招呼并询问她是否愿意和你在一起时，会发生什么样的事情（当时的结果是：如果你身高一米九，气质佳，发型帅气，或许会被答复“可以”）。我来到了一个与我的性格截然相反的地方。

实际上，编辑部里并没有像我们写的那样的男人，但是我们所有人都很清楚男人应该是什么样子：一个真正的男人会对女性非常友好，即使他从心底并不在乎她们如何看他。他做着自己的事情，心中所想的只有他的使命。正因为他是如此的独特，甚至丝毫不理会女性对他的看法，所以女性会更加倾心于他。为了得到他，她们几乎想尽办法。由于他可以轻松抵抗来自女性的一切诱惑，这使得他更受女性的青睐。她们全都想要认识他。这样一位男性杂志中的男人在履行使命的间隙，偶尔会关注到某位女性。他会有不同的女性朋友，她们虽然彼此认识，但她们不在乎，因为她们明白这样的男人不可能专属于自己。

当然，他也会有许多陪伴他一生的好友。他们一起会做许多事情，如俯式冰橇、花样跳伞、自由潜水或踢足球。顺便提一下，男性和女性在一起时的运动，称不上是体育竞技，因为他们必须要谦让对方。他们寻求与男性的竞争。在与男性一起打壁球时，他们想要击败对方。而在与女性打壁球时，他们只是单纯地想把球击向空中。

我们当时在杂志上写的那个男人是无所不能的，他从来都不必进行任何练习。对于他来说，这是轻而易举的。当然，他还会做饭。曾经有一位高级烹饪师向他展示过一些烹饪技巧，他很快就领会了。

在生活中，这个男人有三大爱好：手表、汽车和美食。他喜欢收藏手表，车库里停放了好几辆汽车。他开着一辆配置了汽车拉力赛装备的保时捷，纯粹是为了追求速度。他还拥有一辆路虎。他正在和一个朋友维修一款阿斯顿・马丁品牌的旧车。当然，他也需要钱，但他不需要去挣钱。做男人就是这么容易。只不过这位男性杂志中的男人有点像圣诞老人：从来都不曾有人见过他，但他一定是存在的。

对于这样的男性形象，我本人是存疑的。我所理解的是，作为男人，你必须时刻保持着与人竞争的心态；作为“阿尔法男性”，你必须具有能够控制“贝塔男性”的能力。而我属于“伽马男性”，故而在编辑会议上相对会显得有些低沉。有趣的是，这家杂志社的杂志销量并非如人们想象的那般乐观。读者对于那些指导男人如何拥有男性气概，如何“说服”女性的建议不抱有什么期望。至少我自己从未根据这些建议说服过任何一位女性。

在我和大女儿的母亲相识不久后，她就已经期待和我有一个孩子。当我得知自己就快要成为父亲的消息时，整个人都震惊了。我们彼此爱慕，感情很好。但是我很清楚自己的情况。我一无房子，二无花园，三无工作，甚至不知道如何申请信贷。我无法想象自己这么年轻就已经当父亲了，但这件事就这样发生了。

虽然我几乎不知道应该怎么做一个父亲，但还是会努力地去摸索适合于我自己的做父亲的方式。我们参加了一个分娩准备课程，学员们穿着合身的衣服聚集在一座体育馆里。其他人的年纪都比我们要大一点儿。这里的女性特别多。准爸爸们尴尬地站在一旁傻笑着。助产士告诉我们，在妻子的生产过程中丈夫在场是非常重要的。丈夫在产房里不受欢迎的时代早已成为过去式了。现在，丈夫应该在妻子分娩时多多支持她，陪她聊天，提醒她规律地呼吸。丈夫还应该在妻子的整个孕期里都陪伴着她。现场的男人们为自己的爱人做了背部按摩，都觉得有些难为情。助产士还说，作为一个男人，如果你的妻子在分娩时突然责备你，你不应该感到惊讶，你必须要经历这些。好吧，对于我来说，如果最糟糕的情况就是挨骂，那我还是可以接受的。最后，助产士说道："如果你在头几个月里照顾孩子时犯了些许错误，请不要担心，孩子是会原谅你的，毕竟孩子自己也不知道该怎么做。"

助产士说的这些话应该是有道理的。

但我当时关心的是，谁应该负担起这一切所产生的费用？我还在新闻学院读书，除了奖学金和偶尔的兼职以外，再无任何收入来源。我挣的那点钱只够用来付房租。若是要养活整个家庭，还需要更多的钱。

几经周折，我在一家筹办中的全国性日报社找到了一份编辑工作。于是，一段十分辛苦的日子随之开始了。我一边住在旅店里，一边在寻找房租低廉的公寓。在策划编辑部，我们夜以继日地工作，时常工作到半夜，然后早上六点就要起床继续工作。令我感到高兴的是，那个时候我的内心有一种被接受和被认可的感觉。周末我会开车去找我怀孕的女友。

已经到冬天了，女友的预产期在十二月底。我找到了一间宽敞的公寓，还铺着木地板，配有双扇门。我对自己很满意。因为我周边的朋友都没有固定工作，而我很快就有了一个家庭。

卢娜（Luna）提前两周出生。尽管我总会去设想成为一名父亲是什么样子，但我觉得自己根本没有准备好。助产士把剪刀递给我，让我剪断脐带。当我剪断脐带的那一刻，我的心情就像是在庆祝家装建材店开业剪彩一样。

突然之间，一切都自然而然地发生了。那是我的孩子。我们将永远在一起，我将永远陪伴着她。我是她的父亲。我甚至不敢相信，自己此前没有一丁点儿这样的感觉，而现在这种感觉竟在霎时间一涌而出。

我把卢娜包了起来。助产士说我的手法很专业。这其实并不难，不用专门学，自然就会了。但显然，这对于当时的许多父亲来说仍然是一个难题。人们喜欢开玩笑地说，男人应该通过“使用包被包孩子的实习考试”。

之后，女友抱着刚出生的女儿来到病房。在最初的几个小时里，我被允许陪伴着她们。我和女友都很开心。让我感觉很神奇的是，我似乎突然之间来到了另一个“星球”。在这里，一切都是有意义的。在这里，我知道自己是为了什么而活——当然是为了我的小宝贝。最后，我必须要离开病房了，接着就被推出了门外。

我站在医院门口，在夜色中不知所措地走着。外面大雪纷飞。我手里拿着一个塑料袋，里面装着我女儿在过去九个月里一直赖以生存的胎盘。助产士把它给了我，她说有些人会想把胎盘带回家。我只是点了点头。是的，为什么不呢？既然大家都是如此，那么我也会这么做。此刻，我或许是这个城市里唯一一个在夜间行走，并且手提一袋胎盘的人。

我打电话给自己的一位好友，因为他总是知道应该要做些什么。我告诉他，就在刚才我当爸爸了，他必须过来一趟。二十分钟后，他到了。他说道："你当父亲了！我们去喝一杯吧。"他带我去了一家酒吧，并且说道："我们必须得抽根雪茄。"当时，酒吧是允许抽烟的。于是，他慷慨地递给我一支蒙特克里斯托牌的粗雪茄。我坐下来将胎盘放在大腿上，手里拿着烟，吸了起来。女友和孩子在医院里。似乎感觉一切都还不错。

从那天晚上开始，做父亲就成为我的主要工作。面对任何事情，我都会为孩子着想，不再感到孤单，不再只考虑自己。现在，孩子会变成什么样，完全依赖于我。而我会变成什么样，又取决于她。

我把胎盘转交给了我父亲。他把它存放在冰箱里。他计划来年春天在他的花园里种一棵梨树。因此，助产士讲的那些话是对的：总会有人知道应该如何处理胎盘。

第二部分

幸福父亲的阻碍

为什么父亲们仍然缺乏榜样

在我们身边，榜样形象随处可见，唯独模范父亲的形象少之又少。许多有社会影响力的男人，也恰好拥有父亲这一身份。无论他们是事业家、运动员，还是业余爱好者，无论他们是否有孩子，其实都并没有什么区别。这似乎并不会改变他们的生活。披头士乐队的保罗·麦卡特尼（Paul McCartney）有五个孩子。这并没有阻止他录制唱片，甚至不曾改变他的音乐。披头士乐队大约写了200首歌曲，其中许多是关于爱和孤独的，只有一首歌曲的歌名是《孩子》（*Little Child*），但其主题同样是关于爱和孤独。

所以对我来说，当父亲似乎也不是什么大事。我的生活不会因此受到特别大的影响。

当我的孩子出生时，我只知道男人会想到的是，他自身是否是一个很好的爱人，是否是一个具有独特魅力的领导，而不是他是否是一个好父亲。

因此，我很少会去考虑如何让家庭生活为每个人都产生助益并带来欢乐。正如人们所担心的那样，一些事情就这样发生了。虽然我下定决心不把事情搞砸，努力承担起我作为父亲的责任，尽力去做好每一件事，但我还是搞砸了。

在找到公寓后，我们就搬到了北面去住。当时的家庭分工是：我负责赚钱养家，女友负责在家照顾孩子。不然她也无事可做，因为当时她没想过要去找一份工作。而我则将精力投入到工作上。刚开始时，一切都还算顺利，只不过会有许多事情要做。随着工作强度的增加，对我来说，每一项新任务都意味着一份新的认可。

我是一个没有安全感的年轻人，只有在工作时才能找到自己的最佳状态。毫无疑问，我扮演了传统的"养家者的角色"：终日忙于工作，只有周末才有时间照顾和陪伴孩子。我从未料到，相比于在生活中照顾孩子，与同事探讨工作和啪嗒啪嗒地敲键盘要轻松了许多。我在夜里感受到身体上的疲倦和内心的沮丧!

不过，在这段时间里，也不是一切都很糟糕，我们也经历过一些美好的时刻，我们一起度过了愉快的假期。但我们彼此过得并不幸福。两年后，我们分手了，并从公寓搬了出来。她带着卢娜搬到了别处住。针对孩子是跟母亲还是跟父亲长大这个问题，当时决定让孩子跟着母亲会更好一些。对于这一点，我自然也可以理解。

在美好的童年世界被打破时，卢娜只有两岁。复活节时，我们一起在我父母家待了几天。在那之后，她就带着卢娜去了她新的住处。当卢娜注意到我没有一起上车时，她用惊讶的眼神看着我。那一刻，我的孩子是无法理解这个世界的。我向她挥了挥手。我知道，我失败了。

虽然我下定决心要做一个好父亲，但我首先扮演了一个“养家者的角色”。我是典型的那类想要做好一切，并且自认为已经做好了一切的人。

后来，我觉得自己和许多父亲一样。我想尽我所能地做好一切，可我做得并不够好。 我想为我的孩子提供最好的一切，这只不过是我自己的想法罢了。我想站在全新的视角来重新审视原有的一切。

诸如联邦政府的“父职报告”等调查结果，大多表明大部分父亲愿意与妻子共同承担照顾孩子的责任。但现实并非如此，只有 7% 的未成年孩子的父亲在从事着兼职工作。父亲角色在德国家庭中的变化如此之小，以致这一事实通常会被用来证明男性依然不愿意参与照顾孩子。这种矛盾大概率是因为今天的父亲生活在两个世界中：在其中一个世界里，当我们花尽可能多的时间推着婴儿车围着小区散步时，我们似乎是在做着对的事情；而在另一个世界里，我们应该成为一个成功的男人，获得金钱上的成功，不让任何人窃取我们成功的果实。这两个世界不断地相互冲突。在此期间，我们身为男人，要尝试着去建立并强化自我认知。

如今，父亲们的世界充满了这样的矛盾。很显然，我们想要且必须要去做一些不同于以往的事情。但是难点在于我们应该从哪个方向着手。针对“新式父亲形象”，人们现已提出诸多要求，我们根本不可能做到面面俱到。如果我们尽全力去做一件事，显然会忽略很多其他的事情。

与之相反，母亲角色仍然是从小就形成的。虽然也有例外，但很多时候都是从女孩子玩玩具娃娃和模仿母亲的动作开始的。例如，如果女孩子看到母亲在做饭，那么她就已经看到了自己将来被社会认可的角色。而男孩子依然很少会看见他的父亲在做饭。这是因为他的父亲将精力都投入到自己的全职工作上了。

大多数情况下，孩子早期从父亲那里学到的东西很少。反过来讲，父亲在这一时期从孩子身上学的东西同样很少。父亲越是无法陪伴孩子，越是很少与孩子接触，就越是无法深入了解和检验自己的父亲角色。

我们延续了 20 世纪以来对于父亲们的期望和要求：维持家庭生计。一个好父亲似乎最重要的是能够“顾家养家”。他的所有牺牲和付出均与这一初衷有关。换句话说，做更多的工作是为了升职加薪。在此情况下，陪伴家人的时间将会越来越少。

在从事记者工作期间，我认识了一些高管。他们自认为是一位好父亲，但实际上他们很少在家（不是早上六点就已经在去办公室的路上，就是在出差途中）。其中一位自豪地向我展示了他办公桌上的可视电话，这在当时是一项全新的技术。他可以随时和他的孩子说一声晚安。从这样的父亲身上，或许你学到的更多是工作纪律，而不是如何成为一位好父亲。

在我小时候的媒体世界里，父亲和母亲的家庭分工非常明确。母亲深受德国清洁剂品牌“Meister Proper”的电视广告的激励，承担了家里大大小小的清洁工作，并在家中宣告“奇迹日”。孩子们经常会夸赞她“妈妈是最棒的”。她完全投身于自己的“管家角色”。父亲有时会出现在汽车广告或银行广告中，但很多时候是出现在餐桌上。他在经历了一天的繁忙工作后开心地坐下来，而他的妻子则会为他准备好美味的饭菜。但是从来都不会有一位父亲会被孩子夸赞“爸爸最棒了”。显然，孩子不必向父亲说这样的话。他开着车，将钱带回家，晚餐时，将面条分到餐桌上的餐盘里。这表明，作为父亲，你必须要让自己有所作为，而衡量有所作为最关键的指标就是你能够赚钱养家。

小时候，当我和其他小朋友一起玩耍时，总是母亲在陪着我。她会从冷饮店为我拿一杯可可饮料，或者买来一些切片水果，又或者买一根冰棍。外出游玩时，她会给我们戴好帽子和围巾。有时候，她甚至还会问我们过得怎么样。而父亲就像是影子般的存在一样。他总是忙于工作，回到家时已经疲惫不堪。我看到他把文件包放在一旁的角落，然后便会瘫坐在沙发上，拿起遥控器或者点上一支香烟。他不怎么关心我们这些孩子，似乎他的世界里没有我们。

实际上，只有在父亲们专注于某件事情时，我才比较了解他们。他们中有些人会追求一些业余爱好。例如，他们会在下班后在一间放有铁道模型的地下室里捣鼓隧道。他的一个朋友会建造一个大型的花园铁路模型，并专门负责浇筑轨道。他的另一个朋友有一间小型工作室，他在那里利用纸张制作了地标建筑物的模型。我不知道这是否会让他们感到开心。他们安静地忙碌着，显然是为了收工后去畅饮一杯。

与他们不同的是，母亲们或者在忙于家务活，或者在给草坪施肥。她们可以随时满足孩子们的需求。

周末，我去朋友家时，父亲们有时会坐在咖啡桌旁一起吃蛋糕，有时会离开一会儿他们的家人，然后再回来坐在咖啡桌旁。不过，他们一直都不怎么说话。

然而，这对于他们的儿子来说也不是那么重要，因为真正重要的是父亲有一份稳当的工作。我的朋友们总是会自豪地谈论他们父亲的职业。这些职业都具有积极的社会意义。他们是医生、水工、快递员和门卫。我理解从事这些职业一定都很辛苦。似乎这些职业就是这些父亲们实际生活的世界，似乎父亲们只是偶尔才会离开那里，回到自己的家人身边。而不同的是，母亲们有没有工作，这并不重要。我甚至记得，母亲们要是去工作，那一定会受到人们的一致批判。

在幼儿园，甚至后来在小学也出现了托管班。孩子们不会被母亲接去吃午饭，而是留在托管班。那里的食物经常是黏糊糊的，被从大锅里舀出来倒在盘子上。我问我父母为什么这些孩子不能回家。他们说："因为这些孩子的母亲必须要忙于工作。"我问道："为什么呢？"他们回答说："这是因为父亲挣的钱不足以让母亲在家照顾孩子。所以这些孩子在下午放学后不得不待在托管班。我们认为这也是对那些不够努力付出的父亲们的一种惩罚。"

我问道："为什么父亲要挣那么多钱？"父母说道："总得有人支付住房所需的费用。"我们住在一个新成立的开发区里。那里的人们住的都是刚刚盖起来的新房子。这样的房子就像是一个能够吞噬无数金钱的怪物，致使母亲们也会为其所困。

如今，大多数男性都意识到他们想要在生活中塑造一种不同于以往的父亲身份。在联邦政府的"父职报告"中，69% 的男性表示，他们比自己的父亲投入了更多精力来参与抚养孩子，甚至有 52% 的父亲表示愿意减少投入在工作上的时间。虽然这听起来很可悲，但即使在今天，这些父亲仍然缺乏切合实际的榜样形象。因为从我年少开始，媒体对于男性榜样形象的刻画就几乎没有发生过改变。一如既往的是，全职男性在"走自己的路"，以及追求在社会可衡量的标度上（如金钱、权力、名望和关注度）取得相应的成功。家庭中的英雄形象仍旧不见踪影。人们很少能够在自己的家庭中找到一个榜样。

那么，新手爸爸们应该向谁学习呢？模范父亲非常罕见，且形象容易坍塌。2012 年，美国《至善杂志》（*Greater Good Magazine*）曾询问了 300 位美国父亲：他们的榜样是谁。显然，最受欢迎的是由比尔·科斯比（Bill Cosby）扮演的情景喜剧里的父亲克里夫·赫克斯塔布尔（Cliff Huxtable）。他富有同情心、诙谐幽默、平易近人。不久后，比尔·科斯比被控性侵，后被定罪。2016 年，网络杂志 *CafeMom* 将威尔·史密斯（Will Smith）评为“男性的榜样（Male Role Model）”。但这是发生于他在 2022 年奥斯卡颁奖典礼上掌掴主持人兼喜剧演员克里斯·洛克（Chris Rock）之前。

也许是因为这些父亲形象或多或少都有些不真实。英俊、自信和成功的“阿尔法男性”应该与诚实可靠、善解人意的父亲形象相结合。遗憾的是，自信的男人之所以如此，往往是因为他们首先考虑的是自己的利益。而善解人意的男人则会认为他人的想法和感受同样尤其重要。

一个真实的“新式父亲形象”应该由大量的“马赛克碎片”拼接而成。你必须自己去找到它们。这不是一个好消息，好在你遇到的许多人都可以提供这样的“马赛克碎片”。

父亲们如何将自己置于困境

男人的社交圈似乎无处不在，却缺少父亲们的社交圈子。当我有了自己的第一个孩子时，就已经感受到了这一点。在我当时生活的环境下，我是唯一一个较早成为父亲的男人。这让我自动从自己熟悉的朋友圈中脱离了出来，迈入到一个不同的生活轨道，仿佛来到一个孤独的星球之上。我的朋友们喜欢结伴行动，比如一起去看足球比赛或者一些喜剧节目。有时他们会一起约好，在俱乐部的酒吧驻足而不跳舞。这一切都不再属于我了。现在，我的世界里全是尿布规格、奶粉、麦糊粥和装了辅食泥的瓶瓶罐罐。虽然我的朋友们对我的孩子很友好，但他们也不愿意和孩子有太多关系。当然，这并不意味着我想把孩子托付给他们来照看。

我无法向任何人分享我的喜悦和担忧，这是因为我身边似乎没有人与我处在一个相似的处境。即便是有，那么我会愿意与他聊婴儿肠绞痛的话题吗？

我和大多数年轻的父亲一样，都需要一个属于自己的社交网络，只可惜我们没有。我们应该有一个可以分享自己经历的人（除了我们的妻子）。

人们常说，抚养一个孩子需要投入一整个村庄的精力。而在现实生活中，父亲们通常连一个好朋友都没有。当然，这符合社会发展的规律。虽然我们在网上的好友数量不断增加，但是我们越来越少会体验到真正的快乐。这大概就是康奈尔大学社会学家马修·布拉希尔斯（Matthew Brashears）得出的结论。他在一项针对 2000 多名成年人的调查中发现，从 1985 年到 2010 年，他们真正的好友数量在下降，虽然他们的联系从未如此之多。平均而言，此次受访者指出自己有 2 个好友。相较于 1985 年的调查得出的数据（3 个或更多），这一数据有所下降。近乎一半的受访者只能说出有 1 个好友，仅仅不足三分之一的受访者表示自己有 3 个或更多的好友。

在大家庭时代，小村庄里的人同住一个屋檐下。那时，祖父母、姑姑和堂兄弟姐妹可以互相帮助。但如今，这样的家庭几乎绝迹。2015 年，只有在 0.5% 的家庭中，父母会带着孩子和他们的祖父母住在一起。核心家庭已成为常态——他们只能靠自己的力量生活。由于工作流动性相比过去高了许多，祖父母或其他亲戚经常住在其他城市，亲戚朋友之间很难互相帮助。如果你有了孩子，你必须亲自去经营自己的社交圈子。

通常情况下，这对于男人而言尤其困难。在需要帮助时，他们很少会开口向别人寻求帮助。在他们看来，受人帮助并非是在为自己赋能，而是在承认自己的无能。伯尔尼发展心理学专家帕斯奎琳娜 · 佩里格 - 切洛（Pasqualina Perrig-Chiello）在其研究中也证实了这一点。“当我们在研究过程中询问人们：当你真正遇到一些糟糕的问题时，你会怎么做？你会去哪儿寻求帮助？女性轻轻松松就可以给出五个或六个，甚至七个答复。而男性的答复往往是：我会向我的妻子寻求帮助。他们的社交圈子一般只限于自己的妻子。虽然男性也会有一些朋友，但他们谈论的话题主要是运动和工作。”

在此情况下，许多男性越是感到自己能力不足，就越会退缩。倘若他们自己都不知道应该怎么办，他们自然不会去向他人寻求合理的建议。对于父亲们来说，这不仅意味着他们没有树立榜样形象，也意味着他们无法接触到其他可以帮助自己成为好父亲的男人。

我原本以为，这一切会在我后来的孩子身上有所好转，但遗憾的是情况并非如此。我的妻子建议我带着我们的女儿洛塔（Lotta）去参加一些活动。我参加了“布拉格亲子项目（PEKiP）”，家长们带着自己光着身子的孩子围坐在一间室温很高的房间里，并且时刻观察着孩子们的言行。我陪女儿在上婴儿游泳课，大家坐在水温较高的游泳池中，唱着：“我们在宝宝的游泳课上，我们在宝宝的游泳课上，我们玩得很开心。”水池里几乎都是女性，另外还有一个男人也在水池中。这些女性彼此交谈着并互相留了手机号码。她们的话题离不开她们的孩子，这情景让人感觉置身于一个满是女性朋友的世界。而我们两个男人就如同两座孤岛。在婴儿游泳课上，我们全程没有任何交流。这或许因为我们无法适应自己的角色。男性所知道的男人准则是：好的是，或者更好的是，甚至最好的情况是，一切尽在我们的掌握之中。遗憾的是，作为孩子的父亲，我们什么都无法掌控。

刚开始时，我妻子接触到的女性与她唯一的相同之处就是：她们都身为母亲。这足以建立一个全新的社交圈子。原本我也可以这么做，我可以去父亲们常去的咖啡馆，了解他们是否同样会休育儿假；我也可以和他们在托儿所见面时聊聊天。但我没有这么做。为什么呢？

坦白地讲，我认为我更愿将他们视为竞争对手。我想在竞争关系中让自己成为更好的父亲。这种想法听起来似乎很愚蠢。对于自己的父亲身份，我感到有些不安。与其让我从其他有类似经历的父亲那里找到安全感，倒不如我自己独立去面对和克服成为父亲的种种挑战。

在那段时间，我的妻子结交了各种各样的朋友，她们或是在母乳喂养组，或是在产后体操组，或是在幼儿组。而我最多只是认识了一些她的这些朋友们的丈夫。

其中有一位丈夫，我记得他是一位地质工作者。我们的妻子很合得来。有一回四个人一起野餐时，他提出要与我进行一场给孩子包裹包被的比赛。虽然我不认为这是个好主意，但我还是加入了这场比赛。他赢了，显得很开心。之后，我们不得不保护野餐免受蚂蚁的来犯。自那以后，我再也没有听到过关于他的消息。我只知道，他和他的妻子后来离婚了。

年轻的父亲往往是出现在婴儿车后面的孤独游子。他们尤其需要团结一致。虽说这个世界是由男性所主导，但是作为父亲，他们也常会受到不同程度的歧视。他们总是会被告知，自己在社会上处在什么样的位置，绝非是在婴儿车后面，至少不该长期如此。

在某种程度上，社会系统性地阻碍父亲们找到自己的角色，发挥自己的作用。父亲与母亲并未被同等对待，特别是在婚前。或许在孩子出生后，你会特别明显地感受到这一点。我的四个孩子出生时，我都必须由我当时的伴侣或者后来的妻子给予我监护权。有一次，我们在市民办公室签署监护权声明时，工作人员规劝我的伴侣说，这是一个非常严肃的决定，自此之后我作为孩子的父亲将有权对孩子的一切发表意见，如在学校的选择方面，以及在搬家或者孩子的宗教信仰方面。我很愤慨的是，为什么父亲会被区别对待？毕竟，那也是我的女儿！这位工作人员对我孩子母亲的态度，就仿佛她是出于盲目而草率地放弃了一项只属于女性的宝贵权利，并要为此付出长达一生的代价。长期以来，法律实践表明，男性通常在监护权纠纷中的处境更为糟糕。虽然这一情况在今天已经有所改善，但是时至今日，在德国未婚父亲也不会自动拥有孩子的监护权。

假如母亲拒绝给予父亲共同监护权，她将会是孩子的唯一监护人，而父亲只能在法庭上争取监护权。自动的共同监护权仅适用于已婚夫妇。

在这件事上，我们的社会还在延续 18 世纪的标准。那个时候，婚配圣事似乎奇迹般地使父亲拥有了抚养孩子的权利，而未婚父亲显然被划入到“花花公子”类型的群体。人们必须保护孩子免受他的伤害，并且必须限制孩子与他的交往。立法者根本不曾想到，一个孩子也可能会有一个有问题的母亲。对于父亲们来说，争取监护权一直以来都是一个有失尊严的、耗费时间的、异常艰辛的过程。换言之，即便离婚，父亲也有权像往常一样陪伴孩子，并承担相应的责任。来自科隆的政治学家托马斯·盖斯特坎普（Thomas Gesterkamp）曾说道：“自动监护权在女性政治圈层和单身母亲的利益集团中受到很大程度上的保留。”这主要是因为“母亲最了解什么对孩子有好处”的观点依然在盛行。

事实上，这里是在向长达数百年之久的父亲形象和母亲形象的致敬——母亲天生拥有照顾孩子的能力，而父亲没有。早在 1889 年，作家朱莉娅·韦奇伍德（Julia Wedgwood）就在《当代评论》的一篇文章中写道：“女性比男性拥有更悠久的道德传统。她们在自己赖以生存的内心深处，发现了男性所不知道的出于本能的财富。男性必须经过长期的教导才能成为父亲，而女性生来就是母亲。”

19 世纪下半叶，文学学者克劳迪娅·纳尔逊（Claudia Nelson）在其《隐形人》一书中这样描述女性形象：“每一位母亲，无论是已婚还是单身，似乎都与一种能量源息息相关，而这种能量源与男性毫无关联。”所以说，母亲本能就具有母性，而有了孩子的男性还远不足以成为一名父亲。然而，这种对于母亲的推崇其实是一种极端退化的世界观。它暗示了女性主要任务就是操持家务和生育孩子。任何其他的社会活动都会阻止她们走向自己的命运。时至今日，这种对父亲和母亲角色的僵化理解，无论是对母亲还是对父亲，都没有任何好处。

科学家早已驳斥了这种观点。汉诺威心理学教授安德烈亚斯·艾克霍斯特（Andreas Eickhorst）谈到父亲和母亲一样拥有的“直觉式养育能力”，他说：“父亲和母亲都能很好地照顾孩子——无论是在实践中还是在情感上。”

为什么这种认识并未转化为法律实践？这或许与被误解的女

权主义有关：其认为在一个女性普遍处于弱势地位的世界中，必须不惜一切代价来捍卫母亲拥有的一切法律优势。

从这个意义上讲，针对父亲们的歧视仍在继续。从一些小事上来看，当他们为了寻找公用的婴儿尿布台而不得不“偷偷溜进”女卫生间时，他们多少会感受到被歧视。从一些重要的事情上来看，当他们尚未解决离婚事宜，在法庭上失去监护权时，他们更加会体会到这一点。父亲们总是无法摆脱那些关于父亲这一角色依然存在的、陈旧过时的观点。他们经常会被视为孩子生活中不值一提的那个人。他们必须与各种各样的偏见作斗争。或许，这个世界依然是由男性主导，但是父亲这一角色并未受到足够的重视。

为什么父亲们会陷入养家者陷阱

如今，大多数的年轻父亲都想腾出更多时间来陪伴家人，并承担更多的家庭责任。商业健康保险公司的数据显示，2009 年只有 9% 的父亲申请了儿童疾病补助金，而到了 2019 年这一比例已经上升至 22%。现在有 25% 的父亲乐于休育儿假。他们对此感到很高兴。针对德国联邦政府开展的“父职报告”，德国青年研究所的社会学家克劳迪娅·泽勒 - 埃尔萨瑟博士（Claudia Zerle-Elsäßer）表示，积极活跃的父亲们会表现出更高的幸福感。同时，他们对夫妻关系和时间管理也更为满意。

遗憾的是，这种需求并没有影响到家庭中具体的角色分工。如果你看看真正的角色分工，那么一切都没有发生本质上的变化。联邦统计局的数据显示，2019 年有 93.1% 的在职父亲从事着全职工作，而只有 6.9% 的父亲是在做兼职。而母亲们的这一比例恰恰相反：只有 27.4% 的母亲是全职职工，而有 72.6% 的母亲都是在做一些零零散散的兼职工作。

由女性独立承担家庭生计的家庭模式仍然十分少见。社会学家克劳迪娅 · 泽勒 - 埃尔萨瑟认为原因是丈夫失业了或者妻子拥有更好的职业前景。然而，反转的角色分工并不会自然而然地引发家庭照护工作的重新分配。因为这往往与父母的角色观念不相符合，以至于母亲们会在家中投入更多的精力和时间来打扫卫生，以弥补所谓的错误分工。她说道："这并不奇怪。工作、成功和事业仍然是普遍存在的男性气概的一部分。赚钱是父亲身份的重要组成部分。"这也解释了为什么许多父亲在有了孩子后工作比以前还要忙。他们不想失去自己的工作，希望赚取更多的金钱，以此来弥补因孩子的母亲无法参与工作而失去的那一部分收入，至少在短时间内会是这样。

遗憾的是，这一切依然是父亲们的真实写照。最重要的是，抚养孩子需要花钱。这是为数不多的会让你手头拮据的活儿。联邦统计局 2018 年的数据显示，孩子在出生后的第一年里月均花费 587 欧元，在随后几年里月均花费的费用已升至 686 欧元，而青少年每月需要花费约 784 欧元。巴伐利亚消费者中心已经计算出所有项目的合计费用（包括大学期间产生的学费和住宿费）。平均而言，到毕业时，每个孩子需要花费约 23 万欧元。虽然国家通过子女补助金和税收减免政策会承担其中大部分的费用。然而，若将孩子视为对未来社会作出的最大贡献，那么就得明白：在大多数情况下，孩子在社会上的支出是由父母承担了，而且主要是依靠父亲们所赚取的收入来承担的。当然，这主要是因为由女性所完成的家庭照护工作基本上都是没有酬劳的，而男性的工作收入还是比较高的。

这些经济压力导致在职父亲的工作量由 100% 提升到 120%，也因此强化了如今许多男性都想要摆脱的父亲形象。为保证自己家人的生活水平，他们不再参与家庭照顾工作。他们在事业上越成功，就越有可能拉大夫妻间的收入差距。收入差距的拉大，使得因经济原因而导致的这一情况得以维持：如果在生育前与父亲的收入一样多的母亲想要再去工作，她一般会去做一些兼职工作，这也切断了更多的职业选择。而父亲们则会专注于养家者的角色。

克劳迪娅 · 泽勒 - 埃尔萨瑟说：“这种所谓的针对母亲们的‘零散兼职’是德国特有的一种模式。在别的欧洲国家，女性在生育后如此大幅度退出职场的情况并不多见。”

父亲很难从这样的角色中摆脱出来。早在 1996 年，政治学家托马斯 · 格斯特坎普（Thomas Gesterkamp）出版了一本名为《工作为主》的图书。在这本书中，他指责男性的收入相当于整个家庭的收入。男性不仅因此会陷入几乎无法与孩子接触的境地，还会被批评妨碍妻子的职业发展。他说："大多数男性将自己在工作中的付出视为对家人的某种关心。他们之所以忙于工作，并不是出于内心的自私，而是因为他们想要为自己的家人做一些力所能及的事情。这似乎表明，只要能够在办公桌上看到自己孩子的照片，他们就会满心欢喜，并且觉得这已经足够了。"事实上，并非如此。年轻家庭都知道，养育孩子会产生许多新的开支和需求，加上在随后的一段时间里，妻子几乎没有什么收入。正因如此，男性的工作才会越来越忙。

托马斯·格斯特坎普提到，男性认为他们工作是为家庭做出的牺牲。一直以来，这种观点在劳资谈判中都发挥着重要的作用。家庭是否富裕，取决于男性的收入。男性最终只能独自承担主要的工作压力，无法在必要时陪伴在其家人左右。对于男性必须要做的那些大大小小的工作，唯一一个可对其加以解释的原因是，他需要养活整个家庭。另外，托马斯·格斯特坎普还提到，男性也会做一些别人不愿去做的工作。例如，瓦工、矿工或下水道工人，他们之所以从事这些工作，并不是因为他们想要成就一番事业，而是因为他们必须要赚到钱。

托马斯·格斯特坎普认为，这样的一些情况会让男性处境不利，一直都会在家庭生活中扮演着"实习生"的角色。假如他们不认识孩子的朋友，不知道应该在哪儿购买床单被褥，不了解孩子在学校里做了些什么，他们心里会因此而感到难过。

来自比勒费尔德的男性治疗师兼作家比约恩·苏夫克（Björn Süfke）曾说道："矛盾的是，今天的男性想要利用更多时间来陪伴家人，实际上却在忙工作。我经常听到许多夫妻对我说，他们真的决定以不同的方式来应对这一情况，但是在实践中又突然会回到自己旧有的角色中。"企业雇主通常会施加相应的压力。比如，如果一个父亲想要休较长时间的育儿假，企业雇主会向他传递这样的信号：这将会影响他今后在企业内的发展。于是这个男人又有了一个很好的理由来忙于工作，而且还多了一个要他负责任的人。

比约恩·苏夫克还曾提到："父亲们为了养家而拼命工作的这一形象得到了某种程度上的认可。"来自外界的压力随之增加。作为夫妻，两个人需要真正地下定决心，以不同的方式来应对这些情况。但往往事与愿违。在孩子出生后，丈夫把更多的时间投入到办公室里，相对于自己的那个家，办公室反而成为让他更有安全感的地方。夫妻二人都期待着彼此能够理解对方。现在，他们必须意识到，他们的家庭不只是一个三口之家，还包含着许多不同的社会观念和角色。人们已经无法摆脱这些角色。与此同时，许多男性并不一定会认为，在妻子忙于照顾家庭的同时，他们拥有了能够忙于工作的特权。他们意识到，这些是以牺牲他们与孩子和妻子之间的亲密关系为代价的。

与此同时，父亲们陪伴孩子的时间也越来越少了。根据联邦统计局的数据，现在有 25% 的年轻父亲会休育儿假。然而，2020 年的统计数据显示，母亲们离开公司，不工作的时间平均为 14.5 个月，而父亲们仅仅为 3.7 个月。显然，他们非常担心自己的工作会被他人所替代。

就这样，办公室成为父亲们频繁出现的地方，而母亲们则是更多地忙于家庭内的一些事情。这样的角色分工带来的弊端是，在母亲与孩子的关系变得愈加亲近之时，父亲与孩子的关系在不断疏远，因为他把精力都放在了工作上。这个社会让父亲们认识到：父亲在扮演着努力工作赚钱养家的角色。

大部分夫妻都接受了这样的工作处境，但这并不意味着，他们对此十分满意。社会学家克劳迪娅·泽勒 - 埃尔萨瑟指出，站在父亲的视角来看，这也影响了父亲与孩子的关系。如今，父亲平均每周花在孩子身上的时间仅有 10 个小时。他们对此抱怨不已。克劳迪娅·泽勒 - 埃尔萨瑟提到，特别是那些拼命工作的父亲，他们强烈指责在家庭和工作之间暴露出的矛盾和时间冲突。79% 的父亲希望有更多时间来陪伴家人，但是他们早已陷入“工作陷阱”。

随着家庭开支的不断增加，父亲与孩子的距离将会越来越远。仅仅劝说父亲们要更加关心孩子是远远不够的。这需要夫妻双方（甚至整个社会）的共同努力。

一个敢于摆脱传统父亲角色的男人，也面临着诸多不确定。他无法确定自己所做的这些努力是否会得到社会的赞扬；他无法确定是否会得到领导的支持；他甚至有时无法确定是否会得到妻子的鼓励。出于这样一些原因，许多男性甚至不愿对此做出一些尝试，而是选择走上一条可以给他们带来成功和认可的道路。当然，也会因此而出现一些不同的形象：他们事业有成，但错失了对孩子的陪伴。

那么，我们是如何陷入到这些角色中的呢？为什么我们的社会如此明确地定义了一个好男人是什么样的，而我们却成了“坏父亲”？那些划分性别角色的社会结构又是从何而来？这些结构显然没有给性别角色的改变留下多少回旋余地，以至于父亲和母亲都很难摆脱它们，即使他们想这样做。

值得考究的是，男性作为核心家庭养家者的现代形象究竟是如何产生的，它并非是一直如此，只是我们如今成为了这样的形象。同样，我们也可以为自己树立全新的形象，只要我们敢于去尝试。

尽管在历史上男性是社会的主导者，但这并不意味着社会一直都是这样的。如今具有鲜明角色特征的“现代男性形象”产生于 19 世纪。在此之前的男性深入参与了抚养孩子的过程。

在 19 世纪以前，大多数人仍然是工匠或农民。他们要做很多事情，包括照顾孩子。只不过男性显然占据着主导地位。这正是父权制下男性当家做主的时代。父亲们对其家庭负有经济责任，并充当着对外联络人的角色。然而，最重要的是，父亲们会负责子女的成长和教育，为的是让他们走上职业道路，以及学习到正确的价值观和行为方式。父亲们会规范子女的交际行为，为他们选择合适的教育或培训。那个时候，几代人同住在一个屋檐下，父亲负责经营和管理家族企业。这往往意味着，父亲们首先要培养其中一个儿子来接手家族生意，同时要为其他儿子的事业负责。或许他们有些人想上学，有些人想去修道院。此外，父亲们还必须负责将女儿嫁出去，并为她们准备嫁妆。

这一切与我们今天想象的或期望的亲和的父亲形象关联甚微，更不必说男女平等。但毫无疑问，这些父亲参与了大量的家庭事务，并合理培养了孩子，而非整日忙于事业。毕竟这些家庭事务与家族声誉，甚至自己的晚年生活都有关系。这样的“一家之长”几乎存在于每家每户，因为家庭是一个经济单位。

现代工厂的出现终结了这一切。19 世纪不断推进的工业生产增加了对工人的需求。有机器的地方，就必须有工人。这是因为蒸汽压力机、滚筒式机械设备和冲压机必须不分昼夜地运转。自此以后，男人每天的可支配时间完全取决于机器的运行时间。他们早出晚归，整天都在忙工厂里的那些工作。因此，依靠工资为生的工人根本无法兼顾其他事情（如孩子的教育）。他们也不可能会给予孩子必要的情感支持和温暖。而且他们的人际圈子也会因为他们的工作而大受影响。在这种情况下，人无异于是机械设备的一个部件。男性连吃早餐的时间都没有了，转眼之间，如今所谓的“家庭照顾工作”全都落在了妻子的身上。

历史学家劳拉 · 金（Laura King）研究了 20 世纪英国男性形象的形成。据她分析，自 19 世纪初以来，最稳定的现象即是父亲们扮演的养家者角色——挣钱养家成为父亲们做的最重要的事情。因此，父亲身份历来与养家者的角色密切相关，直到今天几乎都没有什么变化。

罗伯特·格里斯沃尔德（Robert L. Griswold）在其经典之作《美国父权史》中提到：20 世纪，美国的许多男性认为自己扮演着养家者的角色，他们团结在一起，跨越了阶级和肤色的一切界限，构成了他们对自己、对男性气概和对性别的理解。相比于男性气概的其他特征（如强大和好胜），谋生与男性气概有着更加紧密的联系。

男性的任务就是维持自身正常运作：在早期资本主义社会的大型设备中，他们如同机器一般不停地运作着。对此，今天有多少男性仍然保持认同，这从他们经常使用机器语言来描述他们自己、他们的身体和他们的内心这一现象就可以看出。当他们患有心血管疾病时，或许是自身的“泵（心脏）出问题了”；当他们觉得身心疲惫时，他们会说成是“电池没电了”；当他们不能继续做某件事时，会被说成是“插头被拔掉了”；当他们急需一次度假时，那是因为他们必须“清除硬盘”；当他们精神崩溃时，会被说成是“灯泡烧坏了”。

根据这一形象，男性唯有成为“机器人”并“运转起来”时，才可称为男人。像我这样赚钱养家的人，就会被称为“真正的男人”。显然，赚钱养家是衡量男性的关键因素。因此，男性盲目地追求事业上的发展，甚至不惜让自己处在超负荷状态之下。

在核心家庭，父亲们晚上会让家人把拖鞋递给他。这种家庭模式是工业时代初期社会动荡的产物，伴随着剥削。在机器上剥削男性的劳动力，在家庭中剥削女性的劳动力。最重要的是，它不可避免地会对家庭关系造成剥削。

经济学家弗里德里希·恩格斯（Friedlich Engels）尖锐地批评了当时盛行的家庭的理想形象。他早在1848年就已写道："针对家庭和教育，以及针对父母与子女的亲密关系，资产阶级不着边际的言论越来越令人生厌。大工业致使无产者的家庭关系全都破裂了，孩子们变成了简单的'商品'和'劳动工具'。"我的曾祖父就曾是这样的"商品"。十二岁那年，他被迫在德累斯顿的一家铸造厂擦洗锅炉。对于工人们来说，带钱回家并非是为了实现自我价值，而是为了避免让自己的家人也在工厂里辛苦工作。对于当权者来说，核心家庭的存在符合社会现实。倘若男性出来工作是为了养活家中的妻子和孩子，那么他当然不会拿这份工作来冒险（比如为了获得更好的条件而罢工）。无产阶级家庭会无偿去培养下一批劳动力。

社会哲学家马克斯·霍克海默（Max Horkheimer）曾将资产阶级式的核心家庭描述为适应资本主义剥削进程的完美训练营。他在其论文《权威与家庭》中解释说："父亲的权力看似是理所当然的，实则是源于他的经济地位及其性别在法律层面被赋予的优势。父权制将核心家庭中的教育变成了培养社会典型专制行为的学校。"人们从很小的时候就学会了屈服，而不去质疑屈服的意义。与其质疑自身所处的社会环境，他们首先会质疑自己："父系教育的结果是人们从一开始就会从自己的身上来找错误。"那些认为权威不容置疑的女性和男性根本不会对社会关系和权力结构展开深入探究。

今天，当我们问自己究竟是好父亲还是好丈夫，又或者既是好父亲又是好丈夫时，我们自然不会想到早期资本主义，也不会想到霍克海默。但我们应该意识到，令我们感到困惑的价值观和身份认同，自然有其特定的历史。专栏作家詹斯·杰森（Jens Jessen）曾说过，男性在历史上"注定会伤痕累累"，他们在拥有主导地位的同时让自己置身于危险之中。无论是作为雇佣兵、正规军，还是作为两次世界大战中的士兵，男性总是轻易被煽动并参与伟大的构想或愚蠢的行动，甚至犯下严重的罪行，并常常为此付出生命的代价。

这是因为"传统"的男性气概往往意味着不计后果地以健康，甚至是以生命为代价。在许多体育运动中，如赛车运动，与其说是对身体的极限挑战，不如说是受伤的风险让比赛现场更加震撼。显然，男性气概也意味着，一个人会极度疏忽自己的健康。

时至今日，这一形象仍旧会对男性产生影响，即使他从来没有参与过暴力行为。我记得，新闻学院的一位讲师曾对我们说，作为记者（20 世纪 90 年代末编辑部的编辑多为男性），我们其实不必担心养老问题，反正我们的平均死亡年龄为五十九岁，我们处在死亡名单靠前的位置：压力、酗酒、吸烟，以及工作劳累诱发的心肌梗死。我永远都无法验证这一数字。但是我们男同学并不觉得那很可怕，反而认为这很酷。也就是说，我们认为如此才具有真正的男性气概，我们甚至吸烟更多了。仅此一点就值得深思：这样的男性身份几乎无助于男性的健康和幸福。

我们可以从历史中学到什么？我们可以通过历史得出自己作为父亲的行为方式。我们也是历史的产物。而历史是由许多人所组成的，我们的父亲和母亲，祖父和祖母，他们试图在他们那个时代塑造出专属于自己的榜样形象。现在，是时候书写我们自己的故事了。

第三部分

现代父亲的工具箱

现在开始自我帮助

我认识很多男性，他们下定决心要做一个好父亲，并且愿意为此全力付出。那么，究竟应该怎么做呢？

今天的父亲应该要满足许多互相矛盾的要求。父亲应该是孩子仰望的榜样。但是，父亲也应该与孩子平等相处，最好是能够与孩子一起欢快地玩耍，成为孩子的小伙伴。新式父亲应该亲切、随和，同时也需要建立起自己的威严，但不是谩骂，更不是责罚。他应该和男孩们一块儿踢足球，与女孩们一起玩玩具娃娃。与此同时，他应该让孩子们摆脱对性别的刻板印象。换句话说，他也可以和女孩们一起踢足球，与男孩们一块儿玩玩具娃娃。对于新式父亲来说，家庭应该是放在首位的。不言而喻的是，他至少需要承担一半的家庭照顾工作，但是他不应该因此而成为家庭主夫。很显然，当进入到一个激动人心的新时期时，新式父亲保留了旧式父亲的所有优点：英俊帅气、热爱运动、身体强健、事业有成、妻子的坚强后盾。唯一不同的是，他们不仅不再需要加班，而且还非常容易被提拔重用。

由此看来，新式父亲有点像旧式父亲，只不过他们没有旧式父亲的那些缺点。

我认识一些父亲，他们把做一名新式父亲当成是一种充满竞争性的运动。他们追求面面俱到，想要成为比其他人更加优秀的父亲。他们将男性由来已久的竞争心态转移到他们的家庭关系之中。现在他们"如愿地"成为了"超级父亲"。至少在他们被自己设定的种种要求压垮前，他们还是"超级父亲"。

成为好父亲的第一步是，要明白自己根本不必成为这样的"超级父亲"。这是因为针对"超级父亲"提出的所有要求全都被夸大了，已经脱离了现实。第二步是，要意识到自己做得还不错。甚至可以说当你在思考如何成为一个好父亲时，你已经走在了对的路上。读到这里，你很可能会松一口气。一旦你明白了这一点，那么就是时候开始塑造自己的父亲身份了。虽然成为一个优秀的父亲不会让你屡获殊荣：你的孩子和妻子不会为你佩戴奖章，你也不会被授予联邦十字勋章，但是你会由此而多了一些优点，并且会拥有许多良好的品质。

你应该怎么做呢？

我听说父亲们希望尽可能直观地了解如何成为好父亲。这是非常务实的！现在我们一起前往"父亲身份的 DIY 商店"，因为我在那里整理出了一个工具箱。每一种工具都代表了一种塑造父亲身份的方式。其中有些工具比其他工具更适合你；有些会特别有帮助；有些可能用起来不是很顺手，因为它们只适用于某些特定的用途；还有一些工具可能你永远也不会用到。但是，当你的手上有了合适的工具时，当你慢慢开始使用它时，就会生成一种专属于你自己的父亲身份，或许它并不完美，但是它能够尽显你心中对于孩子的那份爱。一切总是会好起来的！

工具一：制定规划

我们都知道：心有所想，方有所成。倘若你毫无头绪，你就会驻足不前。倘若你无法辨别好与不好，那么你就无法衡量自己是在进步还是在倒退。这适用于世间一切，包括成为一名父亲。

有趣的是，我们会为各种各样的事情制定具体的规划，诸如理财规划、度假规划、职业规划和厨房改造规划。我们还会为了与朋友聚会和共进晚餐而制定规划。因为我们知道，我们要是不提前规划，这些事情一般是不会发生的。制定规划和设立目标的好处是，你可以对未来发生的事情在当下提前做出规划。你会发现，当下是应对未来的大好时机。

心理学家安德烈亚斯·艾克霍斯特长期从事男性咨询工作。他曾说："不可思议的是，期待拥有孩子的夫妻很少会为此而做好准备。"他们原本可以充分利用孩子出生前的时间。当他们成为父母时，他们会产生哪些想法？孩子应该在他们的生活中扮演什么样的角色？他们愿意花多少时间来陪伴孩子？如果他们离婚了，又该如何做出进一步的安排？往往有了孩子后，各种各样的事情会接踵而来，很少会有时间来做一些规划。虽然事情都会顺其自然地发展，但其发展方向是否如你所愿，那将是个随机事件。因此，在孩子出生前，制定规划无疑是非常有必要的。

在男性看来，生活中的意外常常未能尽如人意。当我们购买一台新的吸尘器时，我们会花好几个小时来研究产品测评，以免买到自己不中意的产品。在我们出去吃饭前，我们已经先行在网上研究了菜单和用餐评论。如今，就连找对象都得到了匹配算法的技术支持。我们以通过互联网找到最优解为傲。然而，我们生命中最重要的事莫过于陪伴家人，这件事应该是遵从本心自然而然地发生的。这是为什么？如果我们从未意识到，并且从未与我们的丈夫或妻子讨论过父亲身份到底意味着什么，以及父亲身份是否具备某些特征，我们又怎么会成功塑造出一个好的父亲身份呢？如果我们没有认识到父亲身份的真正含义，那么做父亲这件如此复杂的事情又怎么会成功呢？

当然，有关父亲身份的目标不会只为自己而设。那么，你的伴侣有什么目标？他或她认为重要的是什么？你们对未来有什么共同的愿望？你们共同想要的是什么？你们必须要在哪些事情上给予对方独立的空间，又必须在哪些事情上互相扶持？这些问题并不总会被考虑到，谈话过程也并不一定总令人愉快。然而，一旦这些问题被解决，你会受益匪浅，所以不要在你们之间的矛盾开始激化时才去考虑这些问题。

我们知道，有些人发誓要与他们的父母不同，结果却非常像他们。就好像有一种来自潜意识的、命中注定的力量在推动着我们走上这样的成长历程，尽管我们一直在抗拒。如果将这说成是命运的安排，总会让人有一种令人难以置信的解脱感，身上承担的责任也减轻了许多。

那些真正想要做一个不同于自己父亲和祖父的男人，最终还是成了和他们相似的父亲。另一个可能的原因是他们从未强迫自己去思考“不一样的父亲”到底意味着什么。实际上，你从一开始就应该考虑到这一点，成为不一样的父亲并非你的目的。遗憾的是，人们经常错把它当成了目的。

那么，成为不一样的父亲为什么会如此之难？许多男性将他们的生活视为一本责任书，里面为他们设置了各种各样的标准和任务，他们尤其擅长完成这些任务。然而，他们并不善于表达自己想要的是什么。瑞士教育家玛格丽特·斯塔姆曾说：“很少有男性敢于说出他们的真实感受和愿望。”一方面是因为男性很少被问及他们对于家庭有何期望或愿望，另一方面是因为这不是一种习得性社会行为。男性知道如何为了重大任务而奋斗。他们喜欢谈论各种各样的世界性问题，但是对于一些简单的问题，他们几乎是只字不提，比如：是什么让我在家里很开心？是什么影响了我们的生活？我怎么知道是不是这样呢？理想的一天会是怎样的呢？当然，他们也有自己的愿望，只不过一直没有将它们表达出来。如果这些从未说过的目标最终未曾得以实现，他们多少会感到有些失望。

大多数父亲至少可以说出他们不想要什么。这已经是一个良好的开始了。面对一个知道自己不想要成为一名瓦工的人，虽然你不会认为他有自己的职业规划，但你可以认为他开始做规划了。也许有人会问瓦工这份工作到底意味着什么，竟会令人如此担心。是否有一份与之不同的工作，能够给人带来欢乐？这份工作是否需要一些先决条件……

对于父亲身份，这可能意味着：如果你自己因为缺少父亲的陪伴和关心而感到痛苦，那么请意识到，你希望换一种方式对待自己的孩子，这是非常值得的。具体来说，这意味着你会把更多的时间投入到孩子身上，更加愿意关注孩子的真实感受和愿望。这会拉近你与家庭的距离。接下来，你要思考的是如何实现它。例如：你可以在下一次与领导谈论薪资时，选择减少工作时间，而不是增加薪资，或者你也可以考虑在家办公，这样你就会有更多的时间来陪伴家人。

不过，你怎么知道孩子们想从你这里得到什么？他们在想什么？他们的感受是什么？ 你要如何构建一个合理的行为范畴？比方说，你可以和孩子一起做点什么，特别是一些兴趣爱好，做的时候与他们多交流，或者讨论一起来下厨做饭的计划。孩子们的爱好是什么？还有谁会有兴趣参与到这些事情中来？你想在星期儿和孩子们一起做饭，谁来负责购买食材？

所有这些事情听起来都很简单。但是，做父亲往往就是要重视这些看似简单的事情。让自己行动起来！

如果你想在与妻子讨论前先厘清这些问题，那么你也可以从小事做起，请在便条纸上写下这几点作为开始：我想有一个怎样的父亲身份？为什么我想做一名父亲？孩子长大以后离开家时，我想要取得怎样的成就？什么事情是我将来想要怀念的？哪些事情是重要的？哪些事情是不重要的？我们绝对不能因为这些看似稀松平常的现实问题而退缩。当你尝试在便条纸上写下对应的解决方法时，这些问题就显得没那么乏味了。

还有一种方法，就是给自己写一份讣告。虽然这听起来有些恐怖，但是你会更加深刻地意识到，自己的生命是有限的。你会清楚地知道，当你的孩子在想起他们的父亲时，他们第一时间想到的会是什么。如果你明白了这些，就已经知道自己要成为一名怎样的父亲。

接下来，你可以制定一份时间表。孩子什么时候长大？到那时你想向他们传授什么？今后你想如何陪伴他们？你需要用多少年来实现自己的目标？你会发现，虽然你可以为此投入很多时间，但时间总归是有限的。对于具体应该怎么做，你已经有了一些想法。

如今，有些人对时间表失去了耐心。毕竟，人们经常会在生活中遇到各种各样的事情。然而，对日常生活制定时间表实则最可贵。如果你都不知道应该如何做好规划，自然就会错过许多事情。那些后来对此心生抱怨情绪的人们，原本可以事先做出周到的考虑。

最重要的是，一旦你制定了这样的目标，你自然会明白，你的生活目标并不是为了那些不重要的事情。通过这些目标，你会知道许多将来可以不必在意的事情，而且你会拥有更多时间来陪伴孩子。

工具二：向孩子学习

只有一个人可以教会我们如何成为一个好父亲，那就是我们的孩子。今天，作为父亲，我们有各种各样的判断标准。我们希望这些标准能指导我们。我们关注公众舆论，倾听媒体的声音、老板的意见和伴侣的想法。我们从各个方面获取关于如何成为父亲的想法。这些想法往往自相矛盾，仿佛生成了一个面向父亲身份的、信息量庞大的目录。每个人都可以站在自己的视角来谈论父亲身份。但唯一一个决定性的视角是：我们的孩子如何看待我们？

正是感情深厚的、富有同理心的亲子关系告诉我们，好父亲需要具备哪些重要因素。现在，我们只需要学会倾听。父亲们经常在思考，自己想要教给孩子什么。在此过程中，他们首先要注意的是，他们从孩子身上学到了什么。没有什么比与自己的孩子接触更能丰富自己的性格了。因为孩子的发现能力是如此的强大，他们拥有全然不同于大人的视角，对这个世界具有强烈的探索欲，所以他们也会让父母学到许多。他们教会父母去倾听，让父母学会共情，并能够以全新的视角来看待一切。

不管怎样，让孩子们遵从你的意愿做事，这必然会经历一个漫长的过程。例如，我总是希望我的女儿们以这样的方式来吃意大利面：首先用叉子把三四根面条叉在一起，接着旋转叉子，让面条卷起来，再把叉子放入口中。十五年来，我一直都是这样吃意大利面的。而我的孩子们习惯于这样吃：用左肘支撑着身子，把头低至盘子的高度，再将叉子扎到堆放着的面条上，然后风卷残云般地开吃。我们经常会吃意大利面。

每当我看到孩子们在狼吞虎咽地吃一盘意大利面时，我就会问自己，人们怎么会觉得“教育”这件事是可行的，并且认为可以按照自己的想法来培养孩子。而我甚至无法阻止她们这样的吃相。

“教育”这一概念可以追溯到心理学流派行为主义学习理论盛行的那个时代，以伯尔赫斯·弗雷德里克·斯金纳（Burrhus Frederic Skinner）为代表人物。人们认为，人会受到所在环境的制约。某些行为会得到奖励，从而得以强化。某些行为会受到惩罚，故而很快会被制止。最终，这种“操作性条件反射”是基于这样一种假设，即任何可以想象到的性格特征都可以通过适当的学习形式而产生。从科学上讲，这在今天已经被驳斥了，更别提在我女儿饮食习惯上的挫败了。

尽管如此，这一观点仍然存在于父母的脑海中：一个孩子就如同是一本诗集，父母可以自由地写满诗集上的每一页。但孩子并不是一本充满空白页的书，亦不是由父母写满。恰恰相反的是，在与孩子的相处中，父母会有许多空白页，并且需要慢慢地将这些空白页写满。这就像是要想接近一个人，就要尝试着去理解他的语言和感受他的想法。每当你靠近他一点点时，你都会为此而欢喜，仿佛自己取得了一项很大的成就。父职研究员迈克尔·兰姆曾说道："孩子是杰出的老师。当你做错了什么时，孩子会大声喊叫；当你没做错什么时，孩子就会很安静。"在这一方面，所谓的"操作性条件反射"极其有效：改变的并非孩子的性格。最重要的是，孩子父母的性格也正在发生着变化。突然之间，你准备好放弃许多昨天看似还很神圣的事情。只要你们关系亲近，只要能让孩子满意，你就可以放弃许多事情，比如放弃睡眠、放弃聚会、放弃个人时间、放弃干净的穿着等。

有时，我很惊讶，这种改变竟会如此之快。以前，人生目标、社会关系、社交活动是一个人生命中值得守护的东西。如果你不得不做出妥协，这就像是你的手指要被切掉一样。有多少关系走向破裂，是因为人们认为彼此不合适，或者是因为人们需要自己的空间。

仅仅因为成为父亲就要放弃这一切，乍一听确实很糟糕，而且其中也会伴随着一些糟糕的时刻。不可思议的是，整个过程会让你感到十分开心。你虽然放弃了许多，但是几乎不会错过任何东西。这就仿佛是一个人来到了另一个国家，突然间，购买幸福的货币变成了一种全新的货币。曾经看似必要的东西已经不复存在，突然间你和一个值得付出的人在一起了。虽然你被剥夺了一切（如睡眠和食欲），但是你找寻到了生活的意义。

这项工作最艰难的地方是：你几乎不敢和别人谈论它，因为你要说的都是一些无聊的内容。在大多数情况下，你的伴侣关注的是，孩子有没有翻身或者有没有哭闹。

随着每天孩子学会的知识越来越多，变得越来越聪明，而你会变得越来越笨手笨脚。你在新生婴儿身上投入的所有精力和时间，让孩子不再会饿肚子，不再会哭闹喊叫，不再会在睡梦中醒来。当你完成这一切后，你可以胜任世界上的任何一份工作，因为你已经具备了坚韧的品质，能够有条理地去处理任何事情。

育儿是一个相互影响的过程。虽然你会影响孩子，但最重要的是你自己会有很大的改变。这是一份弥足珍贵的礼物。你再也不会有机会在如此之短的时间内全面提升和丰富自己的个人品质，以及学到如此多的知识。更何况你的孩子连学费都不收。

作为父亲，你有两种选择来面对孩子：你既可以表现得像是铁板一块，不断地试图把自己的想法强加给孩子；你也可以尝试着通过孩子的视角来观察这个世界，从而塑造一个全新的父亲形象。

工具三：拥抱你的大人身份

在《光谱》杂志官网的心理学百科页面中，关于“父亲的权威”这一词条的记录如下：父亲的权威是影响孩子成长的重要因素。孩子需要权威。他们需要自己能够信任和愿意服从的来自父亲的权威。

我想，每一个父亲都想要拥有权威。以前，父亲们维护权威的手段很简单，不外乎是利用威胁和惩罚。今天，我们希望得到重视，这是因为我们的孩子赋予了我们一定的权威，而不是因为我们冲着孩子大喊大叫，也不是因为我们用手指指着他们进行恐吓。

权威与大人的形象密切相关。但如今父母有时会反对别人称自己是“大人”。这种称呼已经不再流行了。人们向往年轻人，他们懂互联网、知未来。他们之所以广受喜爱，是因为他们还年轻。但是，年轻人并不一定会像老年人那样成就卓著。

今天，许多父亲喜欢展示自己有多年轻。这没什么好说的。但与此同时，人们应该思考的是，当年轻人不断被灌输，青年时期是唯一一个有价值的生命阶段时，他们又怎么会想要长大。

褒扬青年时期和童年时期的传统由来已久。长大并不一定是好事，这一想法并不新鲜。基本上，它就如同工业时代那般古老。被束缚在“时代大机器”中的人们，不再享有任何自由，深受资本主义及其法律的腐蚀：大人的所有这些特征都是不值得拥有的。

20 世纪初，当德国第一家蒸汽机工厂成立尚不到 50 年时，“候鸟运动”引发了一场大规模的青年运动。这些年轻人走进大自然，远离城市里臭气熏天的工厂。两次世界大战过后，这样的运动还有很多。例如，20 世纪 60 年代爆发的学生运动“不要相信三十岁以上的人”，以及 70 年代和 80 年代出现的亚文化现象（朋克文化、摩德文化）。基本上，在整整一个世纪的时间里，大人身份的受欢迎程度在逐渐下降。在 21 世纪，大人身份要比以往任何时候都更不受欢迎。今天，没有人想要变老。

实际上，这一现象十分荒谬。因为在现实生活中，越来越多的人正在变老。

在 1870 年前后，德国的平均预期寿命还不到四十岁。当然，战争和其他暴力冲突是其原因之一，但最重要的是婴儿死亡率比较高。现在，平均预期寿命将近八十岁。百岁老人也不会像过去那样罕见。社会越发达，人的寿命就越长，人们就越是会羡慕年轻人。

在老年人稀少的那个年代，他们在社会上的地位举足轻重。因为他们拥有智慧。他们经历了太多的风风雨雨，能够处理各种各样的问题。他们是知识的宝库，可以将自己对于生活的想法传递给年轻人。这是极其重要的，特别是在没有文字记录的社会里。人们要想活下来，或许全凭老年人的生活经验。

如今，我们面对的情况正好相反。总有人说，老年人的知识跟不上时代了。他们不会操作电脑、手机和其他设备，他们和社会脱节了。这就是为什么年纪越大的人，越觉得有必要证明，他们并不比年轻人差：他们思维灵活，看得懂代码，能够用年轻人的思维来考虑事情。

然而，与父子关系或母子关系有关的一些事情，很可能会转变成一些家庭问题。孩子需要生活在大人提供的安全感下。他们需要依靠父母来观察和掌握一些事物。若非如此，孩子们会感到不安。父母离异的孩子经常会经历这样的事情。曾经倾力确保一切都完美展开的父母，突然之间变得不知所措，濒临他们的极限。任何一个经历过父母离异的孩子都会认为父母连最终的依靠也无法提供。他们的现实世界正在瓦解。他们不得不忍受这样的现实冲击，不得不承受其所带来的伤害。当然，这并不意味着离婚在很多情况下是不必要的，或者是不对的。对于孩子来说，也是如此。

所以大人的角色很可能不酷，却尤为重要。孩子们需要一个榜样，以作为他们学会生活的“直观教具”。陪伴在孩子身边意味着要感知他们的内心感受，并允许他们触动你的内心。当然，这也意味着要教会他们一些东西。

作为父亲，我们可以为孩子提供许多帮助。毕竟，我们拥有几十年的生活经历。我们已经在生活中走了很长的一段路。我们经历过、感受过、做出过决定。我们的成长历程和我们身边的其他人都对我们产生了深刻的影响。

我们都是历史的存在，我们都是深受历史影响的人，我们也应该站在历史的一边。某些事会让我们引以为豪，某些事则不会。我们可以看到我们的生活植根于某些特定的传统。我们很乐意延续某些传统，比如一个地区的风俗习惯，又或者是一个足球俱乐部的惯例。而对于其他一些传统，如暴力传统和沙文主义传统，情况则并非如此。然而，正是所有这一切塑造了我们。

有些时候，在我的印象中，如今的父亲们不想再将自己视为历史的一部分，不想再将自己视为父母的儿子、祖父母的孙子。而是更想让自己与过去划清界限，就像是潮湿的邮票可以从信封上分离出来一样。美国政治学家弗朗西斯·福山（Francis Fukuyama）于 1989 年发表的《历史的终结》是政治学领域颇具影响力的一篇论文。他在文中论述了人类即将进入一个全新的后历史时代，人类可以将过去的所有冲突抛在脑后。

与其相反，历史学家和人类学家斯蒂芬·布莱克伍德（Stephen Blackwood）曾说："历史是一条河，我们必须在这条河里饮水。我们的身份建立在历史认知之上，若其结构薄弱，我们的身份则相应弱小。"

最近，一位社会学家告诉我，他总是惊讶于今天的父亲竟然对他们的祖父，甚至他们自己的父亲都知之甚少。这给了自己一个很好的理由来研究过去。是谁或者是什么塑造了我们？关于生活，你想对自己说些什么？你希望年轻时的自己提前知道些什么？我们通常不会意识到这些事情，但是它们至关重要。你原本应该多问一问自己的父母。或许相册就在你的手边。当父亲有了自己的孩子，他过得怎么样？他以什么为荣？对他来说什么是重要的？他受过什么样的苦？他晚年时学会了什么？在这样的对话中，你将能够发现个人经历的形成，以及你想如何与自己的孩子继续推进这条家族的传承之路。

你越是清楚是谁或者是什么塑造了你，你越会全面了解自己（包括所有的影响、伤害和经历），故而才能够更好地将自己的孩子当作是一个个性鲜明的人来对待。此外，孩子还应该被当作是谁来对待呢？

简单来说：了解代际关系及其差异，对于我与孩子的关系尤为重要。在我很小的时候，我的父亲和祖父教育引导过我。现在我自己也成了一名父亲，我的孩子可能会从我这里得到一些指导。这种差异是好的，也是重要的，它们不应该消失。

工具四：敢于表达感情

曾经有一段时间，我的父母一定为我操碎了心。在十六岁到十八岁的那两年里，我每天晚上都是醉酒回家。有一次，当我的那些酒鬼朋友们还在大街上乱喊乱叫时，我摇摇晃晃地走进家门，正好看到了家中的父亲。他没有像往常一样地责骂我，而是在因愤怒和绝望而哭泣。我感到震惊，我还是头一次看到他在哭泣。后来，我们没有再说起过这件事情。然而，对我来说，重要的是这让我看到了男人也会流泪。我的内心很受触动。在那以后，我学会了体谅和理解。

表达感情对于许多父亲来说会很困难。曾有人说，男人不会哭。倒不如说，男人已经忘记了如何哭泣。华威大学历史学家贝尔纳德·卡普（Bernard Capp）研究了男人流泪的历史意义。他研究得出，男人出于恐惧而流泪在历史上是尤其不被允许的。而长达几个世纪以来，出于悲伤、痛苦或者献身而流泪是完全可以接受的。在 18 世纪，男人在剧院里哭泣甚至被认为是有必要的。他们以此来表明自己接受过良好的教育，能够感受到剧情中的情感流动。只有身处工业资本主义背景下的那些人（作为时代机器中的一个齿轮）才不应该被任何情感所触动。要不然，他就不会成为一名优秀的商人，因为他不够理智。

因此，男人与哭泣之间存在一种复杂的关系，这其实是一种社会心理学产物。作为年幼的孩子，当我们感觉不舒服并且需要别人的安慰时，我们会哭泣。后来我们意识到社会环境不接受我们的眼泪。当我们表现出“坚强或勇敢”时，我们也会受到母亲的表扬。最重要的是，我们不曾看到过父亲哭泣。在 2005 年的多特蒙德青年研究中，59% 的受访者表示，他们从未见过父亲哭泣。因此，从这个意义上来讲，作为男人我们可以认为自己的情感被压抑了。

荷兰心理学家阿德·温格霍茨（Ad Vingerhoets）曾说：“哭

泣具有重要的社会功能。人们在不知所措且无能为力的情况下会哭泣。他们暂时会选择屈服，并让周围的人施以援手。当然，男人在生活中遇到不知所措的情况并不比女人少。他们只能卑微地去寻求一些帮助。”

有一个名为“特里尔社会压力测试”的心理学实验：女性和男性都被安排在压力场景下。例如，在黑板上解答算术题，或者在没有任何反应的观众面前做一场简短的演讲。在测试过程中，测量受试者的血液、脉搏和激素释放情况。然后询问受试者对于测试场景的个人感受。结果显示，具有男性自我概念的受试者比具有女性自我概念的受试者所感受到的压力要小。这两类受试者只有在身体上的压力反应是相同的。也就是说，男人的压力并不比女人小，只不过他们不太能注意到这一点。他们无法直接了解自己的感受。可能是因为男人从小就被教导不要表露自己的感情。这就是为什么他们在长大后都得不到好的支持。他们在以一个不健康的自我形象生活着。

由此可见，年轻人应当好好考虑一下自我形象。如果他们知道自己的父亲有时也会伤心和需要帮助而不会为此感到羞耻，那么他们以后在需要时就更倾向于寻求并获得帮助。恰恰相反的是，哭泣的年轻人经常会被他们的父母（特别是会被他身边的男人）示意不要这样做。他们从中得到的教训是，表露出感情会被惩罚，表现出无助会被拒绝。因此，他们学习避免这样的脆弱，最终让自己在某个时候成为一个存在情感障碍的男人。

但父亲们不得不承认，他们也会遇到诸多困难，如在对于生活和自己角色的理解上，以及当他们没有准确表达自己的需求时。

“中年危机”常用来形容处于危机中的父亲们，充分表露出人们对于处在危机下的男人们的看法。例如，当他们内心郁闷，想要辞去工作时，外界认为这表现出的是一种少见的、有些滑稽的低落情绪。作为一种短暂的现象，在屈服于不可避免的事实之前，他们表现出这样的抵触情绪会显得有些尴尬。心理学家帕斯奎琳娜·佩里格-切洛曾说道：“对于许多人来说，中年危机与其说是一个需要严肃面对的问题，不如说是一种夸大的行为。由此导致更严重的后果：男性通常会比女性采取更多不妥协的方法，因为他们之前更多的是在压抑、隐瞒和否认。”他们往往对自己非常苛刻。在六十到六十五岁年龄段的男性群体中，自杀率在快速增长。而在相同年龄段的女性群体中，自杀率则几乎保持不变。

不仅是女性，男性也会因承受性别结构带来的压力而感到愁苦。许多让我们觉得尴尬的男性行为，都是为了让自己摆脱沮丧而做的尝试。而男人们根本不会承认自己的这种沮丧。

心理学家理查德·施尼鲍尔（Richard Schneebauer）说：“这与我们的成长和教育方式有着莫大的关联。我们不仅不善于谈论感受，也不善于承认自己的感受。”

在教育学家莱因哈德·温特（Reinhard Winter）看来，交流感受还意味着，当父亲们对自己要求过高时（如当他们因工作繁忙而劳累不堪时），他们要大声说出来。特别是当事情的发展遇到阻碍时，他们会如何处理。这一点非常的重要。今天，男性面临的最严重的健康风险就在于他们错误地对待自己不足的一面。

实际上，当男性在某个阶段或者在家庭生活中感到不快乐时，他们很少会去说什么，也不怎么会去坚持要求实施自己的生活理念。心理学家帕斯奎琳娜·佩里格-切洛认为，这是一个早期社会化的问题。她说："即使在今天，外向型行为也主要是面向男孩子。他们倾向于用攻击性行为来解决冲突和维护自己。相较于女孩子，他们承受的性别角色压力要更大一些。此外，男孩子必须要让自己的行为举止体现出'男性气概'，女孩子则会拥有相对较大的自由空间。"

男人原本也应该拥有这样的自由空间。帕斯奎琳娜·佩里格-切洛提到："男人很难会去谈论自己的感受，因为他们不必这么做。大多数男人会让女人去猜测和表达他们的感受。一方面，这会让他们觉得更自在一些；另一方面，他们仍然在坚守着自己的内心边界，即每个人都可以拥有丰富多彩的生活体验，只要选择这样的生活，就会对自己和孩子都会有所帮助。"

工具五：制定你的价值观

当你设定了自己的目标时，你很快就需要考虑自己到底想向孩子们传达什么。你想持有什么样的观点？你的价值观是什么？父母是孩子的偶像，父亲在生活中看重的东西，也会对孩子的生活产生影响。根据德国心理学家沃尔夫冈·施密德鲍尔（Wolfgang Schmidbauer）的观点，这是别无选择的。他说："作为父亲，你自然而然会成为孩子的榜样。不然，孩子还应该向谁学习呢？作为父亲，你要让自己融入这个世界，并让孩子更加理解这个世界。这是孩子想要你取得的成就。孩子希望，他们的父亲是问题的解决者和世界的解读者。"

"世界的解读者"这个词听起来说得很大，但值得引人深思。原因在于，要想解读某件事情，首先是必须要知道生活中什么是重要的，其次是必须能够和自己的孩子一起来探讨它。

许多人很抵触"价值观"这个词。相应的，基于我们自己的价值观得出的那些想法也并不具有吸引力。过去，许多父母认为他们会按照基督教的标准来抚养孩子。但是，自从教会作为一个机构在许多人心中名誉扫地以后，人们很难再会这么去说。还有一些人主张以人文主义价值观念为基础，但以人类必须征服地球为主张的人文主义也是站不住脚的。今天，我们身为父亲（或母亲），在做出价值判断和为孩子展现某种道德权威时常常会有所顾虑。

我们在社交应用 Instagram 上读到的日历智慧[①]（Kalender-

① 日历智慧指按日期发布的每日寄语，一般为有启发性的名言、金句、格言等。——译者注

Weisheiten）更加贴合我们的时代精神。其中的价值观是自然呈现出来的。它是我们用来理解这个世界的道德体系。在决定如何表现言行之前，价值观就如同一副眼镜，我们可以利用它来接收和处理一些信息。

孩子需要学会做出自己的价值判断，分清什么是好什么是坏。如果不向父母学习，他们又该向谁学习呢？我们每天对他们言传身教。无论我们是给无家可归的人一些钱，还是帮助一位老人过马路；无论我们是否愿意审视自己。我们每天都在这样做，这些事情值得我们有意识地去做。

另外，我们根本不可能不向孩子传达任何价值观。热爱运动的父亲会告诉他的孩子运动的重要性。这不一定会让他的孩子长大后也热衷于运动，但是运动这个话题肯定会让孩子感到亲切并且产生某种情感上的关联。如果你从来不和孩子谈论你遇到的问题，无论你是否出于本意，这都向他们传达的是：人应该为自己的问题感到羞耻。

对于父亲而言，传达价值观应该是一项充满激情而非一项艰巨的任务。育儿研究员迈克尔·兰姆解释了父亲遵从自己的爱好或热情对孩子有多么重要。这同样适用于那些根本不被认为具有典型男性特征的事情：如果父亲更喜欢看芭蕾舞，也就是说他倾向于去做一些被认为是女性化的事情，那么重要的是，他要与孩子分享自己的这个喜好。当孩子长大后，他们或许并不喜欢足球运动或芭蕾舞。但重要的是，孩子能够与父亲以各自的态度来面对彼此。

社会研究还发现，真实生动的示范总是比口头表态更加令人印象深刻。社会学家克劳迪娅·泽勒-埃尔萨瑟博士对性别角色这一话题展开调查："父母自己持有的性别观念越平等，孩子就越会平等地去理解性别观念。与此同时，实践和态度同等重要。"换句话说，如果你在口头上宣扬性别平等，在生活上却停留在男主外女主内的传统角色分工中，那么你给孩子传递的性别角色形象很可能是后者。你想要传递什么样的价值观，始终取决于你在生活中秉持着什么样的价值观。

心理学家帕斯奎琳娜·佩里格-切洛认为："重要的不是扮演什么样的角色，而是持有什么样的态度。儿童和年轻人学习的东西，往往不是父母口头说的，而是父母真实做的。"

有些时候，你不必为自己的价值观而费心，它往往自然而然地产生于你的生活经历。我的父亲曾经告诉过我一件让我记忆犹新的事：在他还是个小男孩（大概七岁）时，他和他的父亲一起去旅行。当时，我的祖父还没有汽车，但是有一辆小型摩托车。那时，摩托车还不是自由的终极象征，只是普通老百姓的交通工具。我的祖父要出去办点事，顺便想带上他的儿子，于是就把他放在后座上。他们刚动身，就遇上了一场雷阵雨。摩托车在开阔的道路上被大风刮得摇摇晃晃。他绝望地向后座上的儿子喊道："我无法操控摩托车了！"我的父亲当时要被吓死了。为什么他的父亲不停下来？如果停下来会发生什么事情呢？他们两个人会被大风刮走吗？

没过一会儿，风停了，雨也停了，他们安全到达目的地。然而，这件事情却给人留下了深刻的印象：父亲将自己的焦虑情绪全部传递给了儿子，儿子因此心生恐惧，整个人被吓坏了。从那时起，我父亲就知道："做父亲，绝对不能这样行事！"他自己从来不曾这样做过。我的父亲经历过许多次的恐惧和绝望，他会和我们这些孩子畅聊这些经历。但他从来不会传递给我们沮丧和绝望。

工具六：保持温柔

"男人无法温柔对待孩子"这种观念是错误的。相反，父亲自然而然地对孩子流露出亲近感，这会起到重要的作用。苏黎世大学心理学家乌尔里克·埃勒特（Ulrike Ehlert）曾对父亲的压力行为进行了研究。她使用唾液测试来检测父亲们的激素水平。结果发现：早在妻子怀孕期间，他们血液中的睾酮水平已经开始下降。他们变得富有同理心和更加温柔，故而可以更好地与孩子相处。

克里斯·库泽（Chris Kuzawa）来自位于伊利诺伊州的西北大学，他进行的一项研究发现，准父亲们的睾酮值下降了35%。这一下降幅度远远大于睾酮随年龄增长而减少的幅度。

但这并非一个暂时性的现象。如果父亲与自己的孩子关系亲近，“男性荷尔蒙”（也存在于女性身上）的激素水平会保持在较低水平。不仅在西方社会，在菲律宾的父亲们身上也发现了类似的情况：那些与孩子同床而睡的父亲们被发现睾酮值一直会比较低。

直到孩子五六岁时，父亲的睾酮水平才会再次升高。如果有了新的孩子，睾酮值将会在更长的时间里一直会比较低。这种身体上的化学反应既有利于家庭，显然也有利于父亲。

乌尔里克·埃勒特同样调查了生活满意度和睾酮水平之间的关联。她发现，在日常生活中父子关系正常且睾酮值较低的父亲们，幸福指数最高。这表明温柔的父亲亦是最幸福的父亲，他们的孩子同样也是最幸福的。

我们知道，孩子迫切需要身体上的照顾。出生时，触觉是他们最发达的感官。因此，温柔是我们应该立即使用的第一语言。然而，西方文化认为，身为父母，我们在照顾孩子的过程中可能给予了他们过多的温柔。因此，一个很常见的现象是孩子出生不久后父母就会让孩子独自睡觉。就在几年前，基于“费伯入眠法”的睡眠训练还很流行。孩子们应该要学会不再哭喊着要爸爸妈妈，即使他们不在身边。这样的不再寻求亲密感的孩子形象是西方文化的一种理想观念。然而，这是直到 19 世纪和 20 世纪才出现的一种观念。毛绒玩具也在这一时期被发明了出来，作为代替品来填补孩子缺失的亲子亲密感。

在亚洲和非洲国家，孩子和父母长期同睡一张床的现象更为普遍。有什么能比父母的亲密陪伴更能带给孩子安全感呢？然而，在一种突显父亲作用的文化中，那些渴望父亲能够亲密陪伴自己的孩子往往会存在某种不足。这就是为什么德语有个单词叫作“verzärteln（娇惯）”。

20世纪初，心理学家约翰·布罗德斯·华生（John B. Watson）建议父亲们：“永远不要拥抱或亲吻你的孩子，永远不要让他们坐在你的腿上。如有必要，请在你说晚安的时候在孩子的额头上轻轻地亲一下。”因此，如果我们相信温柔是母亲的事儿，对孩子的温柔必须要适度，那么今天我们仍在被一百年前的观念所左右着。

抚摸和拥抱自己的孩子绝对是有必要的。20世纪初，英国和德国的科学家针对罗马尼亚的一些孩子展开了一项长期研究，以调查他们留在收容所或留在寄养家庭的成长情况。平均而言，这些孩子智商较低，心理问题较多，与人相处有困难。所以抱抱孩子，让孩子坐在你的腿上，抚摸他，这些行为能够表达你对他的关心和爱。如果你担心会过于亲近孩子，有一个判断方法是倾听孩子的想法。当孩子说不要时，自然要顺从他的要求。

通过身体上的接触，孩子了解了自己的身体，掌握了自己的身体界限。柏林心理学家欧文加德·赫尔斯曼（Irmgard Hülsemann）说道：“重要的是，要牢记你对孩子温柔以待，是因为孩子需要身体上的亲近，而不是因为你自己需要亲近。尤其是当孩子长大后，他们往往不愿意被亲近，即使他们不会明说。你要富有同理心地去观察，以确定孩子是否需要你的抚摸。”否则，你很快就会越过和侵犯到孩子的身体界限，并且会剥夺他们的一些重要体验。换句话说，孩子的身体由孩子自己所有。

工具七：犯错并承担错误

作为父亲，你不必为受到质疑而忧虑。孩子有自己的选择。父亲会被逐出“父亲乐园”。在这个乐园里，他们无可争议地统治着一切，并拥有对这个世界的解释权。

在卢娜十三岁时，我不得已从这个乐园中退了出来。她和她母亲住在一起，我的工作很忙，虽然定期会和她联系，但联系得很少。所以她责怪我。以前我没有意识到，我一直坚定地认为这种状态已经很好了。当然，我愿意花更多时间来陪她，但是我有许多事情要做，这些事情会分散我的精力。对于我来说，我女儿现在这样的状态就是完美的，可是对于她来说，没有什么是完美的。十六岁那年，卢娜从她母亲的房子里搬了出来，来到我所在的城市，住在我附近的合租公寓里。后来一段时间发生了许多不愉快的事情。直到她后来过上了自己想要的生活，我们才有机会去理解和感受这一切到底是哪里出了问题。

我很感谢曾经发生过的那些事情——艰难的交流、流过的泪水、言语上的指责。正是这样的经历让我们有机会发展出平等的关系。这很重要，因为我们与孩子平等相处的时间多过于不平等的时间。我的女儿怪我没有在她需要我时陪伴在她身边，她是对的。我组建了新的家庭，有了我的妻子和后来的孩子。尽管我试图努力协调好家庭与孩子、工作与婚姻之间的关系，但我失败了。我不得不承认，这确实非我力所能及之事。

不是所有事情的发展都会一帆风顺，绝望和伤害是我们始终无法回避的话题。我想这在很大程度上取决于作为父亲的你能否说出你经常要求孩子说的那句话：对不起，在这件事情上，我想向你道歉。这绝不意味着一切就会好起来，但至少会开启一扇窗。我们首先可以谈论绝望和伤害，然后再去克服它们。这只是一切的开始，而不是结束。

在我看来，父母与孩子之间最大的问题，就在于父母总认为他们与孩子之间没什么问题。可是当有问题时，孩子会非常敏感地察觉到。假如父母没有说清楚这些问题，那么孩子因此而产生的不安情绪就会一直埋在心中。许多父亲对自己提出的要求是，能够在情感上成为如同超人般的存在。他们必须为了自己的孩子而让自己变得强大，或者他们要树立自己的榜样形象，又或者他们至少要发挥出“锚”的作用。然而，正是他们的这些行为造成了孩子内心的不安。其原因是，孩子接收到的信息是杂乱无章的。虽然父亲说着一切都很好，或者至少假装是这样，但是谁都能够看出来其实一点都不好。对于一些重要的事情，父亲若是选择只字不提，那么，孩子从父亲身上学到的同样是：不理会，什么也别问，这不关你的事！

教育学家弗兰克·梅鲍姆（Frank Maibaum）警告说：“如果你在施压于孩子的同时，不与他交谈，孩子就会开始自言自语，陷入沉思，由此变得犹豫不决。你的孩子同样是家庭中的一员。你应该让他知道他感兴趣的事情。你不需要说得太过于详细，只需要说一些非常明显的情况就已经足够了。”要不然，孩子极有可能会将消极的氛围与自己联系起来，心里会觉得：出了问题时，不让他知道，很可能是他的错。

五花八门的问题可以说是无处不在，甚至你都不需要遇到真正意义上的危急时刻。当你试图抚养孩子时，你就不可避免地会犯错。你越是想把每一件事都做得尽善尽美，你犯的错误就越多，这是事实。你往往最想要实现的是，既能够以某种方式度过这些艰难时刻，又可以公平地对待每一个人。我和妻子都曾想要拥有一份全职工作，同时还能兼顾家庭生活。而现实常常令人感到十分恼火，人们总是渴望自己能够早日从这些事情中解脱出来。但是所有事情仍然在如常进行：你还是得送孩子上学，你还是得烧水做饭，你还是得为组织周末活动而忙前忙后，你还是得为孩子庆祝生日等。我认识许许多多这样的父母，他们一直以来都有这样的困扰。在他们看来，生活中的许多事情都充满了矛盾。现实中，他们已经拥有一切——富裕的生活、体贴自己的伴侣、健康的孩子以及一份薪水优渥的工作。但他们私下里却希望自己在一段时间里可以放下所有，只是简简单单地拥有一个能够让自己内心平静的生活。

不管怎样，孩子都有获悉这些生活波折的权利，否则他们又该如何做到去理解生活中的这些坎坎坷坷呢？他们不是自愿来到这个世界上的，而是他们的父母生育了他们。作为父母，我们有选择的权利，可是孩子没有。现在，孩子就在我们的面前，而我们这些父母却因为有些时候现实生活与我们想象的全然不同而总是在怨天尤人。

这些就是生活中的一些矛盾点，孩子能敏锐地感知它们。例如，我九岁的女儿朱莉（Juli）就有一个强敌——我的工作。对于她来说，因为我的工作，我无法和她一起去完成一些很酷的事情；因为我的工作，她在家时，我却不在家；因为我的工作，晚上她还没上床睡觉，我就已经是疲惫不堪。这份工作既让我感到非常恼火，也让我感到十分热爱，但朱莉不明白。主要是我很累，根本没时间陪伴她。她曾问我："为什么你不能一周只工作一天呢？"我回答说这是不可能的。然后她说有可能。她在学校有些朋友，他们的父母就没有工作。有些是母亲在家，有些是父亲在家，有些是父母都在家，他们都可以成为很好的父母。最重要的是，他们有时间陪伴孩子。朱莉清晰地说出了自己的想法。我所给予她的陪伴和关心是远远不够的。

所以说，我们做的很多事情，其实并非我们想要那样做，可我们却表现得好像一切都很合理。为人父母很多时候在"糊弄"自己的孩子。

20 世纪 80 年代，也就是在我小时候，出现了有史以来的第一个离婚潮。在那以前，许多婚姻可能也并不幸福，但离婚很少会成为人们的一种选择。而在 20 世纪 80 年代这一时期，许多父母的物质条件大大提升，可是他们的幸福感未必同样得到了满足。因各种原因而导致婚姻破裂的情况并不少见。我身边有许多朋友经历过这种创伤，但我们很少会说及这些过往。大家都不会提起父母离婚，有意选择沉默。这种沉默往往能够体现出大家内心的沉重。当时，夫妻疗法还不多见。如果心理健康出现一些状况，在当时的社会是不会受到重视的。

曾有一个校友的母亲试图服药自杀。他的父亲在晚餐时郑重地宣布，一切很快就会好起来的，你的母亲也会好起来。还有一位校友的母亲因无法忍受现实的残酷而酗酒成性。即便如此，所有的家庭活动——从共进晚餐，到下午的咖啡时间，再到周末的出行活动——一切都显得很好，仿佛原本就该如此。孩子们生活在虚虚假假之中。倘若他们没有像希望的那样参与到这场游戏当中，他们的父母就会对他们施以警告或教训。

那么，父母为什么要这样做呢？为什么没有人会得到帮助？其原因是，在这一时期，人们多少会认为正常经营婚姻是理所当然之事。这基本上是没什么可说的。核心家庭模式占据着主导地位。因此，是否生活在一段正常经营的婚姻关系中，亦可说是一个有关社会声誉的问题。美好的婚姻是呈现给孩子看的。这是因为人们认为孩子有权对此有所要求，并且人们有义务让自己安于婚姻现状。与此同时，孩子们不曾被视为家庭的积极成员。父母再也无法像孩子们希望的那样相处下去了，而孩子们是最后一个知道这些的人。也就是说，他们一直都在承受着无法言说的精神压力：从未表达出来的失望，以及原本应该忽视的疏远感。从这个意义上讲，孩子被视为家庭中的被动因素，当然他们其实从来都不是被动因素。但他们必须配合，这样大人们才能更好地假装他们拥有的生活是有意义的。而留下来的往往是一群受伤的人。

父亲如何能够改善这样的亲子关系？如何能够坦诚相处？如何来谈论自己的不足和所犯的错误？

心理学家沃尔夫冈·施密德鲍尔认为，最关键的是要真诚，不要苛求孩子。当然，承认自己做错了事通常要好过于忏悔一生。对于一些显然是要向孩子说明的事情，父亲应该要去和孩子谈论。相反，如果父亲一味地拒绝将这些事情说给孩子听，他传递给孩子的只会是不安。

沃尔夫冈·施密德鲍尔提到："利用弱点来操控一些事情，总是会导致许多问题。例如，当父亲对孩子说'你去和妈妈说，她会听你的'。这其实不是以一种坦诚的方式来处理问题，反而会把责任转嫁他人。你将压力强加于孩子身上，让他去解决自己的问题，这就颠倒了角色和责任。在孩子和家长共同走过的漫漫长路上，难免会犯错。重要的是，你们如何一起回到正轨。"

工具八：玩耍和打架

对父亲来说，有一种感觉尤其重要——自己的直觉。这意味着，做你想和孩子一起做的事情，即使这些事情很疯狂。人类学家安娜·梅钦（Anna Machin）在其作品《父亲的一生》中写道，养育孩子是父母双方的本能行为，而不只是母亲的本能行为。她认为，父亲提供的关爱是人类文化发展的先决条件。在此过程中，她还提到了类人猿。在我们的近亲灵长类动物中，鲜有发现来自父亲一方的关爱。其中由父亲照顾其孩子的占比仅有 5%。与之不同的是，在人类这一群体中，父亲的责任与义务植根于大多数文化中。这是因为刚出生的婴儿尚且不具备生存能力，这使得来自父亲的关爱和照顾成了必要。刚出生的婴儿是完全无助的，需要父亲的帮忙。从孩子发展的角度来看，他需要父亲，就像需要母亲一样。这样人类物种才得以进化。

安娜·梅钦提到，父母双方理应承担起照顾孩子的责任和义务。大多数父亲会出于本能地和孩子一起玩耍和打架。因此，那些通常被描述为“父亲在下班后”的行为才是一个男人做得最棒的事情：将孩子抛向空中，举高高，转圈圈，让孩子乐呵起来。通过这种玩耍式的互动，孩子学会了与人交流。安娜·梅钦还说：“最幸福的事情莫过于你能够和你的孩子一起玩耍。”这种办法省时高效地制造了必要的大脑化学物质来强化亲子关系，尤其适用于父母生活忙碌的情况下。此外，父亲与孩子在嬉闹玩耍的互动中，让孩子可以了解到人际关系中的付出与回报，从而能够合理地应对困难和危机。由此，父亲尚在孩子年幼时便已经为孩子将来的成长提供了具有决定性意义的推动力。

并不是每一个父亲都会粗暴到喜欢和孩子决斗，或者将孩子抛向空中。但是直觉会让父亲本能地知道自己想对孩子做些什么。而他所应该遵循的正是这种感觉。从表面上看，他们的行为是有些粗鲁和愚笨，但实际上这是一个移情的过程：与孩子接触，了解孩子的需求并找到他们的乐趣所在。这适用于各种形式的游戏，无论是接球和攀岩，还是别的什么运动。据多位专家所说，这是父亲与孩子互动的最佳方式。

然而，有些时候，在与孩子玩耍时，父亲还要理性面对妻子的不高兴。妻子的介入会让孩子兴奋，或引起一些完全不必要的不安。这样的情况很有可能会发生，但父亲不该就此停下。传统的角色定义是，母亲最清楚什么会对孩子有好处，而父亲应该按照母亲认为对的方式来对待孩子。但是，仅仅因为你做了一些专属于父亲而母亲并不喜欢的事情，并不意味着你做的这些事情就是不好的。夫妻双方不单单是要平均分担抚养孩子的义务，而且两人都有权利去定义：对孩子来说，什么是好的，什么是坏的。假如父亲的这一权利被剥夺，他将难以和孩子建立情感联结，反而更容易回到那个被动的、轻易就会被责备的角色，即在做错事之前，最好是什么都不做。但既然孩子可能是你生命中最重要的人，与其让自己处于被动，不如主动去和孩子玩耍，放心地把孩子抛向空中，让他们拉扯你的头发，和他们一起玩扔枕头游戏，最后让孩子赢得胜利。

工具九：说和听

当下，父亲这一群体给人们留下了一个刻板的印象——沉默的父亲。他们很少表达自己，只是做他们自己的事情。今天，我们知道，那些善于言谈的父亲会更加有利于孩子的成长。 作为父亲，有时你甚至可以说是孩子最重要的交流伙伴。

有研究表明，相较于母亲，孩子更倾向于从父亲那里学习新单词。这是因为父亲花在孩子身上的时间仍然要少于母亲。因此，母亲能够更好地理解孩子。而父亲需要通过外在来接触自己的孩子，他必须学会与孩子交流。在此过程中，孩子也会学到很多东西。“中欧父职网络”的研究表明，父亲在朗读时运用拟声词的能力更强，能够提供给孩子更加丰富的语言表达，从而极大地有助于孩子积极地去使用语言。

如果父亲和母亲投入了一样多的时间来陪伴孩子，那么整个问题就完全不一样了，我们必须努力实现这个目标。但只要还没有实现，父亲就一定要意识到这种语言蕴含的潜力。因为我们用来陪伴孩子的时间有限，这正是我们沉默的诱因。

2012 年，联邦统计局的一项研究调查了父母每天会用多少时间来与孩子说话。这里的说话并非是指对着孩子下达指示或者冲着孩子喊叫，而是指与孩子直接的交流，询问孩子的在校情况和经历，并与孩子一起梳理，同时分担孩子的烦恼。研究结果显示：平均而言，父亲每天会与孩子交流三分钟，母亲则是八分钟。这个结果发人深思，如果我们每天只与孩子口头交流几分钟，又该如何向孩子传递价值观和知识呢？如今，无处不在的智能手机致使我们与孩子交流的时间可能会更少。家人们处在同一个空间里，但是大家都是低头一族。我们家也不例外。如果我和孩子们交流的时间超过了几分钟，那都是因为我一直在对她们说："现在先把手机放到一边。"

父亲治疗师安德烈亚斯·艾克霍斯特在为男性提供咨询的过程中经常会谈到这一现象，即父亲比母亲话少。"大多数父亲都很清楚自己在想什么，以及自己想要什么，只是不习惯将这些想法表达出来。"至于为何如此，其原因是很难讲清楚的：可能会存在生物性别方面的原因，也可能会有社会层面的原因。许多沉默寡言的父亲，其父亲也都不善表达。当他们真正遇到矛盾时，他们很难为自己去辩解，并且往往愿意简单地接受妻子的意见，即便他们其实并未被说服。另外，从社会上也了解到，他们也不一定对教育问题感兴趣。"凡是提到家庭的地方，实际上都只是针对母亲来说的。"

安德烈亚斯·艾克霍斯特在他提供的咨询中介绍了多样化的技巧，为的是促进有孩子的夫妻双方多多交流。例如，交流成为父母要做的准备。夫妻双方应该绘制“时间蛋糕”。比方说，我每天在具体的活动上投入了多少时间？如果孩子在我身边，我该如何利用每天的时间？我的日常安排是否会有变化？如果将父亲和母亲的“时间蛋糕”进行对比，很快就会发现，他们在期望上存在的差异。例如，男人会为了妻子、工作和孩子而规划自己的时间，却独独不会为了自己休息而规划时间，他们就好像是不停运转的机器一样。

这种方法适用于各种场合，而不仅仅是在孩子出生前。你可以创建单独的愿望清单：目前我想从爱人那里得到什么，我愿意为此提供什么？其优点是，借此方法可创建出均衡的对话情景。父亲们在表达心中的愿望和想法时会变得越来越有信心。每个人都能够从中受益，无论是孩子、妻子还是父亲本人。

你应该如何与孩子交流？教育学家莱因哈德·温特多年来一直在研究父母与孩子的关系。为了能够与年轻人交流他们的想法，他建议不要追根刨底地去问他们的生活过得怎样，或者他们此刻在想什么，而是要创造出一个更加轻松的情景来让年轻人说出自身的想法。或许在合资企业里，年轻人越是能够开放地谈论自己的心中关切，以后就越容易经常性地交流彼此的想法。

安德烈亚斯·艾克霍斯特指出，交谈对于孩子的意义通常不同于对于大人的意义。孩子其实并不需要大人说太多的话，而是需要大人的关注。孩子只要感觉有人陪伴着他，对他感兴趣，并且愿意和他交谈，就已经足够了。在此过程中，出自真心实意的、简短的几句关心，好过于辞藻华丽的冷漠言语。例如，在餐桌上静静地嚼着麦片或许要比我这样和格里塔（Greta）的日常交流更有意义：

“在学校一切顺利吗？”

“挺好的。”

“你都会做些什么？”

“学习啊。”

“那你学到了啥？”

“烦人！”

“嗯……”

工具十：信任孩子

对于我们来说，成为父亲的关键不是我们如何看待自己的角色，而是如何看待我们的孩子。我认为我们应该要重新思考看待孩子的视角。今天，许多父亲对待孩子的方式就如同电影《海底总动员》中的单亲爸爸马林一样。马林是一条小丑鱼，他有一个儿子叫尼莫（Nemo）。他的其他家人都被梭鱼给吃掉了。因此，马林对待尼莫格外谨小慎微，他不想看到自己的孩子受到任何威胁。当他发现小尼莫和其他小鱼一起进行冒险尝试时，他和尼莫发生争执。尼莫愤怒出走，不慎被抓，其间，他经历重重危险，终于和父亲再次相聚。

我们的孩子自然不必担心会被掠食性鱼类吃掉。但是作为孩子的父亲，我们通常也会表现出类似的保护欲。就像马林那样，我们总是极力阻止孩子去冒险。

当我努力回想小时候有多少时间我的父母在陪着我时，我想到了我们一起去的一次家庭旅行。我以前和母亲去游乐场玩过几次，但是更多时候是我一个人在外面玩。我家周围有许多建筑工地，孩子们高兴地在毛坯房里玩着捉迷藏。当然，那时候路上没有那么多车，我们也没有住在大城市的中心位置。但是我父母对我的担心远不如今天我对自己孩子的担心。

几乎在孩子的整个小学阶段，我们都陪着她们上学。刚开始时，是我一个人陪着她们。后来我们组建了家长小组。而我的父母让我们从一年级开始就自己去上学。他们和我们一起练习着走了几趟上学的路，并告诉了我们一些注意事项（比如我们必须要注意红绿灯）以后，我们就开始独自上学，至少要走 1.5 千米的路才能到学校。

我能理解自己为什么会越来越关心我的孩子。在卢娜还是个婴儿时，我完全不担心她有可能会死于婴儿猝死综合征。我根本就没有想过会发生这样的事情，因为这对我来说是一件概率极低的事情。洛塔和格里塔分别在六年和八年后出生。作为父母，我们就睡在她们的婴儿床旁边，常常醒来后就去听她们是否还有呼吸。到朱莉时，她比格里塔小六岁，我买了一个灵敏度极佳的感应毯，只要孩子没有了呼吸声，它就会立即示警。

然而，我们并没有因此而睡得更好，因为我们总是会被误报声音吵醒。

然而，我内心的担忧绝对不会反映在统计数据上。在我陪在卢娜身边睡觉的那段时间里，婴儿猝死率虽然很低，但仍然比朱莉出生时要高出三倍多。

也就是说，我的个人感知与现实中的不幸发生率刚好相反。同样，对于成为交通事故受害者的概率也是如此。1980 年，当我的父母不假思索地送我去上学的路上时，德国有 64000 名十五岁以下的孩子会遭遇交通事故。如今，这一数据大约是当时的三分之一。所以说，作为父母，我们可以放轻松一些，但我们没有。德国的孩子从未生活得如此安全，而我们也从未如此地担心孩子。

这无关于孩子在成长过程中真实遇到的危险，而是取决于当今社会如何看待孩子。社会对于孩子形象的看法是不一样的。有时，孩子会被认为是神圣的存在；有时，孩子会被视为缩小版的大人；有时，孩子会被看作是需要被驯服的“野生动物”。而当前的孩子形象是十分脆弱的。

信任孩子也意味着欣赏和尊重孩子。如果我总是接送我的小女儿，即便她早就想一个人去上学了。这虽然尽到了照顾孩子这一重要职责，也证明了自己是关心孩子的父亲，但同时我也阻碍和影响了孩子的成长。

因此，抚养孩子也意味着让自己在孩子的生活中不再那么重要，并相信孩子能够应对他那个年龄段将会遇到的挑战。

工具十一：争取秩序

在我们家，我和妻子是负责打扫卫生的人。有些时候，我觉得自己像个犯罪现场的清洁工。无论孩子在什么地方，以及做了些什么，我的任务就是在她们离开后负责将地上的污渍擦洗干净。在做这些事情的过程中，我也会表现出不满和发出警告，也会经常发牢骚和抱怨，有时还会责骂她们，有时气得我直跺脚。但这根本无关紧要。因为无论我做什么，她们还是和以前一个样，完全没有任何效果。对我来说，这是一种针对顺从的练习，我顺从于我无法改变的环境。想想宇宙永恒法则，我又算什么？这就像是我在与“熵[①]”做斗争一样。

引力是宇宙中对我的家庭产生特殊影响的一种力。当我的女儿们将某些东西掉落在地面上时，引力就会出现。严格来说，引力并不是指地球吸引物体，而是指地球和物体之间相互吸引。所以你必须将自己的孩子想象成一颗行星，当她们掉落某些东西时，这些东西就会离开她们的引力场和她们的感知范围，然后进入到另一个引力场，即我的引力场。只是在我看来，女儿们好像掉了什么东西，可她们似乎根本不在意。然而，并非如此，这是

① 熵：物理学术语，指的是一个系统中“无秩序”的程度。——译者注

一个完全错误的假设。这些东西其实已经“消失在宇宙中”了。对于孩子来说，这些东西已经看不见了。如果由她们来决定，谁都没必要拾起这些东西。只有我坚持认为，地面上的东西是存在的。或许我也可以声称有不明飞行物。

最令人惊讶的是格里塔，她的房间有时是这个城市里为数不多的其中一个真正的禁区——一个任何人都不该前去的地方。我已经很久没有去过她的房间了。她总是说：“我会马上收拾的。”当她上床睡觉时，她会把衣服扔在地上。这些衣服会一直就这样在地上放着，即便是到了第二天，甚至是到了第三天。每一天都会有新的衣服堆放进来。不知什么时候，你就连地板都看不到了。几天后，格里塔从她的衣服堆里冒出来，就如同“史高治・麦克老鸭（Dagobert Duck）”从他的储钱罐里的钱堆中钻出来一样。不过，格里塔是一个很爱整洁的女孩。你一定要看看她的作业本，她的字迹看起来就像是打印出来的一样。她在学校爱整洁的行为几乎令人无法想象。

我担心，格里塔制造的混乱现场并非完全是无心之举，也有一些是有意为之。作为父亲，你刚开始负责孩子生活中的方方面面。但是接下来孩子将会利用几平方米大小的儿童房成功地对你发起防御。自此之后，孩子将会把那里打造成一个禁止家长进入的地方。从这个意义上来讲，将衣服堆放在地上是一种解放自我的行为。

但是总是在捡衣服，这算是一件比较好的事情吗？作为父亲，如果我觉得，我可以拿着孩子的一只鞋，然后满屋子地找另一只鞋，以此来掌控自己的生活，那我不是在自欺欺人吗？也许我女儿会说：放弃吧，向混乱投降！

我正在打一场所有父亲和母亲都有可能会打的仗。我认为这场仗是非常重要的。我们必须让我们的孩子知道：凡事皆有章法，儿童房不应该看起来像一片废墟一样乱哄哄的，而应该收拾得干净整洁。这不只是为了让自己住着舒服，也是为了让其他人看到房间后心情愉悦。在父子关系中，双方应该互相理解和努力，避免给对方造成任何持久的伤害。在这里，父亲充当了外部世界的使者角色，这是合理的，即使这让你看起来很可笑。

我知道，我的父亲经常会为了整理东西而和我进行一些徒劳的斗争。每到周六我们这些孩子都要去打扫房间里的某一区域，否则就拿不到零花钱。我的父亲准确地向我展示了如何打扫浴室和收拾洗手间。当时我觉得这根本就是一些多余的知识。但事实并非如此。这些童年经历让我能够在今天去引导自己的孩子如何打扫洗手间。她们同样会觉得这完全是多余的。但是作为父亲的我很清楚，她们需要这些知识。

工具十二：保护你的孩子

我父亲教过我许多东西。他特别喜欢和我们这些孩子一起走进大自然。他和我们一起穿过草地，向我们介绍各种植物。比方说，人们可以通过花朵辨认出野胡萝卜。如果人们在荒原之中觉得饿了，可挖出野胡萝卜的根来填饱肚子。我知道，人们可以将荨麻的嫩叶做成沙拉，从丁香花中吸取出甜美的花粉，以及凤仙花的种子尝起来像坚果一样。我也知道颠茄长什么样，它绝对不能食用。我对蘑菇了解甚多，白色的死亡帽蘑菇虽然看起来像是草地蘑菇，但是它毒性很强，可致人死亡。而牛肝菌是可以食用的。我知道铃兰是具有毒性的，即便它看上去像是熊蒜。我之所以了解这一切，是因为我的父亲曾经给我讲过这些知识，为了让我将来能够很好地适应这个世界。

父亲想要保护自己的孩子，但同样重要的是，孩子也要学会自我保护。一方面，我想保护我的孩子不要遭遇失败，我想保护我的孩子不要陷入低谷，我想保护我的孩子免受这个世界上的一切伤害；另一方面，我知道她们必须经历低谷和挫折，才能评估自己遇到的危险。她们必须让自己身处险境，她们必须要经历失败，只有这样她们才能收获胜利的喜悦。

有些时候，我会问我自己：这究竟是与孩子有关，还是与我有关？作为一个努力保护孩子免受一切伤害的人，我是否觉得自己很重要？这是否也关乎个人意义的创造？毕竟，人们再也不会像抚养孩子的父亲那样坚强。

教育学家莱因哈德·温特认为，今天的父母对孩子的独立性干涉得太多了。他说："孩子们需要培养抗风险能力。"他们必须亲身经历危险，并学会评估和应对危险。要不然，父母的过度关心，只会导致孩子永远都长不大。

父亲们不必如此谨慎。孩子能承受的通常比人们想象的更多。他们不仅要经历危险，还要承受自己犯下的各种错误，还会受到不公平的对待。我们低估了孩子的韧性。今天，人们经常会谈论童年，似乎童年是人生中最重要的阶段，似乎童年的负面经历会影响孩子将来的一生。相比于人生的其他阶段，童年的重要性被不断地放大。这种观点只不过是在某种程度上得到了证实。当然，许多大人会用自己的经历证明，他们自相矛盾的行为会直接影响到孩子的安全感。然而，这并不意味着孩子必须任由父母去管控，他们永远无法弥补孩子童年的情感缺失。因为这并不只关系到孩子的依赖性，还关系到孩子的独立性。并不是与孩子性格有关的一切都可以归因于孩子与父母的关系。

许多迹象表明，即使一个人童年经历悲惨，也不会注定拥有一个不幸的人生。1999 年，心理学家瑟伦 · 文特戈特（Søren Ventegodt）的一项研究调查了童年创伤性经历与其三十年后生活质量之间的关联。研究结果表明，这些不幸的童年经历对一个孩子长大成人后的生活影响甚微。这一发现似乎与我们的日常经验相悖。但是人们本能地知道，如果自己能够安慰孩子并向孩子表现出同理心，那么孩子将会有一个更好的生活。每个人都认识一些生活不幸的人，他们会讲述自己艰难的童年。另外，从很多方面也可以证明，童年经历对一个人以后的感受和体验具有很大的影响。同样，对孩子表现出关爱与孩子后来的生活质量，两者之间并不存在因果关系。很显然，人们能够从不幸的童年中走出来，做最好的自己。因此，父母对孩子表现出过度的爱，并不能确保孩子将来就一定会幸福。

这种能力被称为韧性。美国发展心理学家埃米·沃纳（Emmy Werner）是韧性研究的先驱。四十多年来，她调查了近700名儿童，他们全都出生于1955年的夏威夷考艾岛。其中，大约三分之一的儿童在艰难的环境下长大。他们很可怜，很少会被父母关心。他们当中有三分之二的孩子后来在年轻时表现出行为失常，甚至受到了法律的惩处。而另外三分之一的孩子则发展得很好，无论是在学校，还是在社会上，他们都很成功。在埃米·沃纳调查期间，他们从未表现出任何行为异常。埃米·沃纳得出结论：不愉快的童年经历不一定会导致将来生活不幸。韧性是心灵的免疫系统。它是自然产生的。因此，为了让孩子"坚强"而将孩子置于其难以应对的处境，这纯属无稽之谈。同样，为了保护孩子而避免让孩子遇到任何困难，这也是无稽之谈。

今天，看待一个人的成长，倾向于看这个人的童年经历。仿佛一个人今后生活必备的心理素质全都在这一阶段得以养成和发展。但是，成为大人不只是童年经历的延伸。每一天，人们都会有新的经历。每一天，人们都会做出新的决定，而这些决定会对人们的生活质量和幸福感产生一定的影响。小时候父母对待他们的方式对此影响有限。

从父母过度担心孩子的幸福这一现象中，我们可以得出这样的结论：今天的父母高度重视自己的存在，认为自己绝对有能力让孩子过上幸福的生活；他们低估了孩子能够掌控自己生活的潜在能力。英国社会学家弗兰克·菲雷迪（Frank Furedi）将这种现象称为“父母妄想症”。“现代家长对孩子的看法几乎是荒谬的。一方面，他们被描绘成需要不断被照看的、易受伤的群体。另一方面，他们通常被描绘成拥有一定能力的人，能够对自己的生活做出深思熟虑的、认真负责的决定。”

对于这一现象，他阐述到，全身心地投入到对孩子的关心上，可以取代许多让一个人成为社会人[①]的因素。在 20 世纪晚期，一个人的身份在很大程度上通常是由其工作经历来定义的。许多人从工作到退休都一直在为同一个雇主工作，他的同事圈子和他参加的公司聚会都是固定不变的。而今天我们甚至都不知道自己会不会一直从事一份相同的工作。对于很多人来说，夫妻关系也不再能够长久。很少有人会相信，自己能够与所爱之人天长地久。在许多方面，我们的身份都在不断变化。我们必须不断地让自己适应新环境，学习新事物，并质疑，以及重新定位自我。如今已经没有什么是稳定不变的了。唯一永恒的关系就是我们与孩子之间的关系。因为我们都很清楚这一点，所以我们将心中的所有担忧和希望全部集中在孩子身上，而这不完全是为了孩子的

---

① 社会人，社会学术语，社会构成和分析的一个基本单元，指具有原始的、未开化的动物天性的生物人，经过长期的社会学习过程而被社会化的人。——译者注

幸福。

社会学家乌尔里希·贝克（Ulrich Beck）在很早以前就曾分析过这一艰难的局面："夫妻关系并不是永恒的，而孩子一直都在。夫妻生活中期待的一切事物都围绕着孩子转。随着夫妻关系走向破裂，孩子会成为夫妻双方的重心。"

当我们今天如此关心我们的孩子时，我们应该不断提醒自己这一点。事实上，我们的父母和祖父母不会像我们今天这样来关心他们的孩子，这不一定就是因为他们不那么爱他们的孩子。相反，他们可能在生活中拥有的会更多，从而为他们提供了安全感和认同感。

我曾经想把我父亲教给我的一些关于蘑菇的知识讲给我的女儿们听。有一天，我们专程来到位于市郊的一片森林里寻找可食用的蘑菇。其间，我们找到的都是一些普普通通的、可以食用的口蘑。在快要回去时，我给孩子们看了看我找到的一种高大环柄菇。它拥有长长的菌柄和宽大的菌盖，至少在我看来这种蘑菇就是高大环柄菇。因为这种蘑菇很好吃，所以我答应孩子们回家给她们做一道蘑菇煲。不过，为了安全起见，还是要在回家后再查阅一下蘑菇参考指南书。这样孩子们就可以放心食用了。

结果证明，这种预防措施是非常有必要的。通过观察菌盖上的黏液，我才意识到原来自己给孩子们找了一株带有剧毒的白色死亡帽蘑菇。有些时候，父亲的一些错误行为可能会让孩子面临危险。

万能工具：行动起来

我的妻子找到了她自己的方式来教孩子们做饭。她在做饭时，经常会让孩子们围在炉灶跟前，时不时地让她们搭把手。有时候，她们会帮忙切胡萝卜；有时候，她们会帮忙搅拌食材；有时候，她们会帮忙在汤里加一点盐。她们很开心做这些事情。很显然，我的妻子正在做一项非常重要的事情——为家人做饭，而孩子们也可以参与其中的一些重要环节。

当然，在孩子们小时候，每隔一段时间，我也做饭。但对我来说，做饭更是一项让我倍感压力的挑战。我总觉得可能会出错，也确实经常会出错。比如，锅里的水溢出来了，酱汁烧糊了。孩子们根本不想来我身旁，也许她们更担心手忙脚乱的我会误伤到她们。

遗憾的是，我们能一起完成的事情越来越少了，其中就包括做饭这件事。我的孩子们很少会亲眼看到我的动手能力。我不会刨梁，不会拧螺丝，不会为钢琴调音，不会修剪树木。我所做的大部分工作只需要我敲击键盘，或者点击手机屏幕就可以完成了。无论我写的是辞藻华丽的文案，还是枯燥无聊的电子邮件，这些工作的完成形式看上去都一样。

当我回想起我的父亲时，脑海中的画面就完全不一样了。他会听唱片、翻阅报纸、观看新闻。他的所有这些行为看起来都是不同的。而今天的阅读形式、观看形式以及听音乐的形式似乎都一样，不外乎是一个人和一个屏幕。

对于父亲们而言，重要的是与孩子一起行动起来。美国人际沟通研究员马克·莫尔曼（Mark Morman）说："男性通常倾向于通过行动建立和维持亲密关系，而女性则倾向于通过谈话建立联系。"

共同创建感官感受，既是父亲与孩子建立交流最简单的方式，也是最佳的方式。作为父亲，如果你能够与孩子一起行动起来，那么你的这种行为一定是对的。你能做的事情有很多：可以修理自行车，可以在花园里或者阳台上种植一些花花草草，可以收拾东西，可以给T恤染色，可以把一些东西用钉子钉起来，可以拖一拖地板。无论你在做什么，都让你的孩子们参与进来！你可以随时随地行动起来：可以雕刻一艘树皮船，可以建造一座拦河坝，可以维修芦苇船，可以用栗子来做些"小人造型"。你可以做这做那，你可以做很多事！

当你想起自己的父亲时，让你记忆犹新的就是那些你们一起做过的事情。通过一起行动，找到了其中的意义。孩子与父亲的共同经历不仅仅发生在言语表达之间，更重要的是来自一些实际行动。这些行动可以被感觉到、被听到、被闻到和被看到。正是这些行动赋予了生命重要的意义。携手孩子，行动起来，共同探寻和实现更加有意义的生活。

当然，作为一个父亲，如果你动不动就骂骂咧咧，这是你的一个缺点。比方说，当你在清理杂草却无法把根从地里拔出来时，当孩子经常在花盆上乱涂乱画时，当你在修理自行车的轮胎却找不到漏气小孔时。别担心，当你不再骂骂咧咧时，孩子们会觉得这些事情很有趣。

心理学家安德烈亚斯·艾克霍斯特同样认为，花时间与孩子一起行动起来，是与孩子建立亲密关系的最佳方式和最简单的方法。

只有极少一些事情是你不应该去做的。我曾经有想过和我的女儿们一起做 TikTok 短视频。在许多精彩的短视频作品中，父亲们一边和女儿一起跳舞，一边听着音乐哼着小调。我让我的女儿们看了看这些短视频。她们问我："你疯了？"她们的表情看上去真的很担心。所以我们没有做那样的视频。

既然现在我们已经将工具箱准备就绪，那么我们就可以一起开启我们的父亲生活了。在此期间，我们将会单独使用到一些工具。作为孩子的法定监护人，我们将会面临许多任务和挑战，难免也会遇到一些挫折。因为你会发现这些工具并非适用于所有情况。很多时候，这些工具似乎没什么用。有时，我们想尽办法去改变一些情况，这些情况也不会好转。有时，一些问题自动就会消失得无影无踪。一般来说，你需要做的很简单，那就是等待。

第四部分会讲述孩子不同阶段时父亲的身份：幼儿阶段、青少年阶段，以及孩子搬出家住的那几年。因为做父亲不止于此。

一旦成为父亲，就将需要用自己的一生来做个好父亲。即便你总会沮丧地看着自己的工具箱，但总有一天你会明白：重要的是，你一直抱着最好的心态和想法来为自己的父亲身份而努力和付出。

第四部分

如何成为一个越来越好的父亲

宝宝的父亲

当我的二女儿洛塔出生时，卢娜差不多已经上小学了。那时候，我已经遇到了一生中最爱的人。但在我们都想要一个孩子之前，我们的爱情已经走过了好几年的时间。

在柏林东站的地下通道里，我得知我又要当爸爸了。当时，我的女朋友，也是后来的妻子去那里接我，她周末要在柏林参加马拉松比赛。我还没来得及跟她打招呼，她就对我说："我怀孕了。"我很高兴，这真是一个好消息。但当我们随后来到一家小吃店里进一步聊这个话题时，我说我不想因为孩子而暂停我的事业。我甚至还说："我的态度很坚决。"我的妻子惊讶地说道："什么？你的态度很坚决？我们可是要一起来抚养这个孩子！"她很快向我表明，她也无意放弃自己的事业。她刚刚在柏林签了一份工作合同。她说："只有我们齐心协力，才可以一起尽到抚养孩子的责任。"她说得很对。

很遗憾，我必须要说的是，在洛塔出生后，我是做了一些家务活的，也有关心和照顾她，但那不是因为我明白了尽心尽责的父亲是什么样的，而是因为我的妻子坚持让我这么做的。要不是她，我可能早就去忙工作了。因此，即便当时没有育儿津贴，我还是特意休了育儿假。

那是我一生中收获最多的一段时光。

当你开启照顾孩子的探险之旅时，突然之间你会发现自己全天 24 小时和孩子待在一起。孩子要么是在睡觉，要么是在哭闹，要么是在喝奶。你几乎没有时间做其他事，你的时间就这样被用完了。当你有了孩子后，你就无法独处了。无论是母亲还是父亲，总会有一个人在房间里陪着孩子。婴儿监视器是实现你和孩子保持一定距离的唯一方法。但这也只能让你拥有短暂的休息。你是否一整夜都在盯着手机屏幕就为等一条期待的信息？这种感觉大概就像是在你身边放置了一个婴儿监视器。它本应该在后台工作，可你把注意力都集中在它上面了。

更别提你自己的个人空间了。当你有了孩子后，你忽然能够理解为什么生活在 150 年前的那些人一辈子都不会走出自己的村庄，如今你的生活仿佛与之无异。平日里，你要是能够在小区附近散步时不会受到任何的干扰，你就已经很开心了。当你带着孩子去购物时，你还要解决一些现实问题：在地铁站如何带着婴儿车上下台阶？如何上楼进入零售商店？门够宽吗？推着婴儿车能进去吗？如何轻松地用一只手来推开门？面对这些事情你难免会有些力不从心。

另外，你总是觉得很疲惫。就算是孩子由妻子来照顾，你一个人去超市，也会觉得这片刻的自由不会让你放松下来。你观察着你身边的这些人，在他们看来，在什么时间去什么地方，这是理所当然的事情。而你知道实际不是这样的，不是所有人都可以随心所欲。对于你来说，想做什么就做什么，这是非常疯狂的行为。虽然这些人就在你的跟前，但你和他们不一样。你的世界里全都是你的孩子。你不再是自由之身，而且在很大程度上会被孩子给“绑住”。只有当你把刚喂过奶的孩子再次抱进怀里却发现孩子还没吃饱时（因为孩子还没有打嗝），你才能够再次找到自己合适的位置。

令人惊讶的是，在整个育儿过程中，你会感觉自己很幸福。虽然你做出了很多的牺牲，但你几乎没有什么损失。对于幸福，你突然有了自己的定义。在带孩子的过程中，你几乎被剥夺了一切（比如睡眠），但是你的生活变得更加有意义了。以前，你不明白做这么多事情究竟是为了什么，以及你在为谁而拼尽全力地付出？如今，你很清楚你所做的这一切都是为了孩子。

我在休育儿假照顾洛塔的那段时间里，对此可以说是有深刻的体会。我的妻子在家只待了半年就回归工作了，我来负责照顾洛塔。她当时只会喝奶、哭闹和睡觉。我无法设想接下来会发生什么。我是一名记者，我有自己的理想和抱负。我原以为育儿期间还可以兼顾一些自己的工作。据我了解，小孩吃饱后最喜欢做的事情就是睡觉。一个熟睡的孩子会让父亲感到很开心，他可以利用这个时间来处理自己的工作。

问题是，洛塔根本就不睡觉。她一直都醒着，还不怎么高兴，更不怎么会笑。事实上，她几乎就没笑过。有的时候，她会有些困。有的时候，她会有些烦躁。无论如何，她就是不睡觉。我会把她抱起来，一边在房间里转啊转，一边在嘴里哼唱着："月亮升起来了。"她好奇地看着我，而我是越来越困，可她没有半点儿困意。又过了很长时间，她终于睡着了。我非常小心地想把她放在床上，但我刚把她放到床上，她就又醒了。

很多时候，我和她基本上都是醒着的状态。我总是想逗她笑。于是，我准备了许多小玩意儿，比如一些木制玩具和手偶，像个小丑一样地在她面前卖力"表演"，只为了让她开心地笑一笑。

有时，当我像海怪一样嘴里冒着泡泡时，以及像苦行僧一样在她身边转来转去时，她的脸上偶尔会露出淡淡的微笑。这是她对我忙活一整天的回报。在接下来的时间里，她似乎在想为什么这个家伙会冒泡泡，会嘻嘻闹闹，会转来转去。而当我的妻子回到家问我准备了什么晚饭时，我会有些难过，不知道该怎么回答她才好。

在孩子身上会发生许多令人摸不透的事情。因此，我试着精准估测孩子的成长。我始终关注着图表的变化。每隔几周，我就会对孩子的成长情况进行一次检查，并以"U1、U2……"的形式来对其进行命名，最终会建立一个完整的地铁网络[①]。我会对孩子的身高和体重进行测量和称重。最后，我会将孩子的成长过程看作是一张数值在正常范围内波动的图表。

我认识一些父亲，他们制作了非常多的图表：孩子什么时间睡觉，以及睡多久；孩子吃得好不好；孩子首先会做什么，以及在什么时候做。他们试图通过这样的方式来归类和总结生活中遇到的不可思议的事情。因为在婴幼儿的身上会发生许许多多令人难以置信的事情。每一周，孩子都能够学到新的本领。从一个小小的、完全无助的、襁褓中的婴儿，到一个逐渐知道寻求帮助的小孩，你仿佛是在经历一场关于养育孩子成人的"现场音乐会"。这正是为什么你不会因此而有损失的原因。因为其他任何事情都不会像育儿体验一样如此地激动人心。每一天都是全新的一天，音乐的节拍在不断地变化着。你与孩子的交流越来越多，孩子突然能回应你了。孩子拓展了自己的活动范围，你也逐渐会成为一个能够整理物品、能够预知危险、能够随时向孩子提供帮助的人。

对于父亲而言，照顾孩子也是一份工作。让我感到惊讶的是，这份工作是何其繁重。照顾孩子可以说是一份加班加点的全日制工作，不存在任何调休。即便夫妻双方在现实中会平等地分

① 此处采用比喻手法，U1、U2 中的字母"U"是德语"U-Bahn"的缩写，即地铁。——译者注

担这份工作，它也不只是一份兼职工作。作为“雇主”，孩子可能比任何“工会”都要更严苛。你必须是上完早班上夜班，孩子时刻需要照顾。一旦你掌握了孩子的这些“症状”，一切都将会不一样。

你永远都无法提前预知下一个挑战是否就发生在眼前，比如换尿布或者加热奶瓶，又或者试着将一小瓶果泥喂到孩子的嘴里。面对孩子，你需要做的事情太多了。你会忙得不可开交。因为马上就要换季了，所以你随时都要备好一些婴儿用品：婴儿监视器、儿童汽车安全座椅、毯子、益智玩具、防晒霜，以及一些新衣服。你几乎没有任何空闲时间，当然也并不存在能够真正让你空闲下来的空闲时间。你在儿科医生的候诊室等候了好几个小时，结果得知你的孩子感染了传播性病毒。你自己也病倒了，可是你不能因为生病而放慢脚步，你还得继续照顾孩子。经过了超长时间的睡前酝酿，孩子终于睡了，可你并没有立刻就躺下来休息，因为你总算可以做自己想做的事了。

你整天都在为了这些事情而忙碌。当然，还有一些事情同样充满了挑战。比如，你经常要提着婴儿车上下楼梯。再比如，你把孩子放在胸前背了几个小时后会觉得背部酸痛。对于父亲来说，这些事情算不上特别辛苦。重点是，这些事情在相当长的一段时间里会不断地循环上演。

单凭这个原因，就有必要休育儿假。这样，夫妻双方都可以意识到，育儿并非一份全职工作，而是需要自己付出更多的精力和时间。平均而言，心系孩子的父母每周需要在孩子身上投入六十到七十个小时。因此，如果你是一个下班后会参与到家庭事务中的父亲，那你的这些行为也没什么好夸奖的，你只是在平衡工作与家庭之间的关系。

正如前文所说，现在是时候将拥有相同经历的男人们组织起来了，是时候认识其他的父亲了，是时候建立一个父亲游戏小组了，是时候在操场上和其他父亲开始聊天了。然后，你身边会有许多要面临处理同样事情的朋友。而我在育儿假期间却从来没有这样做过。这是多么奇怪的现象！因为通常来说，当男人拥有自己的爱好时，他们会去俱乐部或者至少会去 Telegram（一个聊天平台）或 WhatsApp 小组。而当他们成为父亲时，他们会变得孤独。由此我们可以发现，社会角色对于我们的影响是何其之深。集邮者、足球运动员或花园主人，这些身份意味着他们有着相同的爱好。而父亲身份似乎并不是什么特征，父亲们无法对彼此吐露自己的心声。所以说，婴儿的父亲永远是孤独的父亲。除非这一切最终会有所改变！

虽然女性在诸多方面处于不利地位，但是对于宝宝而言，显然母亲的优势更大。在孩子出生前，母亲要与腹中的宝宝一起生活长达九个月的时间。她会用心去感受孩子的存在，会真真切切地感觉到腹中的孩子在踢她。而孩子可以听到母亲的呼吸声、说话声，以及感受到母亲跳动的脉搏。然而，父亲只能隔着母亲的肚子时不时地和孩子说说话，以及给孩子介绍一下自己。

在孩子刚出生的头几个月里，母亲可以用母乳来喂养孩子，父亲可以哄孩子入睡。这是一种亲密的家庭关系，父亲必须一步一步地参与进来。正因如此，父亲自然而然地会在孩子身上付出越来越多的心血。他必须建立起自己和孩子之间的亲密关系。

在这方面，我的努力取得了一定的成效。当我与卢娜相处时，我们的关系很融洽。这或许是因为当时我才二十五岁，我们之间的年龄差距还不是很大。而当我与其他几个孩子相处时，一切都变得艰难了许多。

不过，作为小孩的父亲，你必须还要学会应对孩子表现出的一些抵触行为。我从三女儿格里塔身上学到了许多。在我看来，她很难对付。她不仅更喜欢她的母亲，而且可以说是忠实地依恋于她的母亲。最重要的是，她还想要继续吃母乳。从某种程度上讲，我的妻子太过于疼爱她了。她是该到了断母乳的阶段了。

让孩子接受奶瓶的方法有许多。一般来说，你可以一滴一滴将牛奶从温暖的奶嘴里滴出来，润湿孩子的嘴唇，同时哼着："嗯……嗯……"但是格里塔非常反感这种喂养方式，她还是更喜欢乳房。顺便提一句，直到今天，要说服她更换菜单仍然并不容易。我曾经看过一些信息，这应该也有发育方面的原因。由于小孩的中毒风险特别高，对于一些自己不熟悉的食物味道，小孩是拒绝尝试的，特别是当这些食物含有苦味时。现在我也不能断言，婴儿奶粉含有苦味，但是格里塔还是觉得我是在给她喂毒药一样。当我把奶瓶递到她面前时，她表现得很抗拒。

我们阅读过一本婴儿指南书，其行文表述如操作说明书一般。书中建议父母对孩子采取严厉措施。如果孩子抵触奶瓶，就暂时先别管孩子了。出门待一小会儿，等孩子饿了，这些问题就都不再是问题了。于是，我在准备好奶瓶后，就出门送了送去逛街的妻子。对此，格里塔很生气。我抱着她转了一会儿。之后，她看起来平和了许多。当然，她还是不喝我给她准备的奶。妻子打电话问我孩子的状态。我说："你先别回来，一切都在我的掌控之中。"过了一会儿，格里塔肚子饿了，但她还是有些抗拒。当我再次把奶瓶递到她跟前时，她变得更加生气了。妻子再一次打来电话，我告诉她还得一会儿，而那时已经过去两小时了。后来，格里塔的态度改变了。我可以看出她的变化，她不再抗拒了。当我重新把奶瓶递到她跟前时，她的嘴唇紧紧地合拢着，就好像是用强力胶粘住了一样。很显然，她这是打算要绝食和保存体力。她相信她的母亲一定会来给她喂母乳，而眼前这个可笑的父亲最终一定会停止挥舞手中的奶瓶。事情确实就这样发生了。不知什么时候，妻子打来电话说她马上就会回来。从这件事情中，我明白了：永远不要跟孩子上纲上线，要是这样的话，你很有可能会失败。

男人大多认为：只有不断地练习和实践才能让自己变得更好，同样的错误不会犯两次，一切都会慢慢好起来。不过，事实并非如此。当格里塔上小学时，朱莉出生了。我在她身上投入了大量的时间。我相信自己已经拥有了足够丰富的经验来带孩子，尤其是带女儿。我会抱着她在房间里走来走去，我会陪她一起玩，我会给她喂牛奶……我确信自己最终会把这一切都做好。

之前，妻子有时会指责我对亲子关系不够上心。现在，朱莉和我相处得很好。她总是坐在我肚子前的婴儿背带上面。我会带着她去许多地方，还会确保她吃的食物都获得了有机产品认证。总的来说，在与朱莉相处的过程中，我会格外小心。我原本以为，作为父亲，我对于带娃这件事已经是得心应手了，实际上根本不是这样。或许是因为四十岁的男人通常会比二十五岁的男人更谨慎一些吧。当卢娜出生时，我还是一个年轻的父亲。而到了朱莉时，我已经是一个老父亲了。日托所里的其他父亲都比我年龄小。他们精力充沛，把孩子抛向空中来逗孩子。他们正在努力成为一个好父亲。而我在此之前已经把三个女儿拉扯大了，如今还在继续享受着父亲身份带来的快乐。

然而，作为一个年龄偏大的父亲，你已经明白，生活难免会遇到坎坷，比如：孩子会磕着碰着，或者不幸导致重度残疾，又或者遭遇重大损失。这些事情会让你由衷地感激那些曾经被视为理所当然的事情。我曾经给家里安装过许多安全锁和插座保护盖。结果连我自己都打不开浴室柜，也没办法将插头插入插座。直到今天，我仍然在为这些很难打开的儿童安全锁而操心。而我从来都没看到朱莉曾经试图将任何东西插入插座。或许，这些事情根本难不倒她。

我和朱莉相处最大的问题是，起初她对我的重视远不及她妈妈。她虽然不会排斥我，因为我确实没做错什么，但我不是她的妈妈。每当我试图让自己表现得像她妈妈一样时，都只会更让她觉得我不是她的妈妈。去日托所接她是最不愉快的时刻。作为一个现代意义上的父亲，我没有在办公室一直工作到晚上熄灯，而是早早就回到家人身边。我觉得，最重要的是陪女儿一起度过一些美好的时光，以及在接女儿回家前和她的老师愉快地聊一聊女儿在日托所的一些情况。我想接朱莉回家，可她会责问我："妈妈去哪了？"与此同时，她拒绝随我回去。看到这样的情景，她的老师会劝她说："由爸爸来接你也很好啊。"而她双臂交叉于胸前一动不动地坐在那里，就像是"静坐罢工"似的，在等着被警察带走。只不过她之所以这么做，不是因为警察，而是因为她的父亲。虽然老师的目光依然十分亲和，却也会显得有些疑惑。

朱莉坚决认为，母亲要比父亲好。母亲外表美丽，身材苗条。母亲在方方面面都远胜于父亲。当父亲去日托所接孩子时，已经对孩子构成一种小小的冒犯。另外，在给孩子穿衣、做饭方面，父亲也经常会遇到困难。

我告诉自己这是男女走向平等所带来的结果，我试图以此来安慰自己。以前，父亲会习以为常地整天在办公室里忙工作，甚至直到日落前都见不到自己的孩子。在那些日子里，父亲仿佛是一个陌生的怪物，根本无法与平易近人的母亲进行比较。父亲出现的地方，总会发生一些混乱的情况。但如果父亲现在能够经常陪在孩子身边，与孩子玩耍互动，给孩子做饭，那么父亲或许可以与母亲相比较。作为一个父亲，如果你一开始遇到了许多挫折，那么你必须学会忍受这一切，让自己成为一个顶天立地的男人。

在这期间，朱莉逐渐注意到我的存在。换句话说，她并不觉得父亲明显不及母亲。我的的确确在许多事情上的表现都不如我的妻子，朱莉并没有因此责怪我。我应该学会做更好吃的饭菜。如果我也能够让自己看起来很好看，那现实情况也不会对我不利。遗憾的是，对于一些事情，我确实是无能为力。比如，朱莉让我给她编一个她喜欢的辫子，可是生活中从来没有人教过我如何编辫子。不过，我可以给她扎一个好看的马尾。在任何时候，朱莉都可以在大早上打发我去帮她买发带。总有一些事情是父亲一定能够做到的。

经历孩子所有的抗拒行为，经历与孩子相处中遇到的所有困难，经历许许多多的挑战和接二连三的失败，穿插一些小小的成功，父亲也在一点点进步。当你成为父亲时，你就已经开始在改变自己了。

父亲（当然还有母亲）经常会过度担心孩子的成长是否一切正常。他们通过观察别的孩子来判断这些孩子是否比自己的孩子会得更多。这种想法经常会直接转换为父亲的虚荣心。他们自以为是地认为自己的孩子天赋出众，因为自己的孩子比别人家的孩子早好几个月就会说话了。有些时候，这种情况会引发一系列促进孩子成长的行为。当然，这也不会伤害到孩子，但很可能会对父母造成一些负面的影响。他们误以为把孩子培养成哈佛大学的毕业生是自己的职责。然而，最重要的是，让孩子们明白父亲对他们的关心和尊重并不是取决于他们的“成绩”。

为了防止承受这种“成绩”带来的压力，父亲们必须时刻保持学习，他们必须学会在每一个阶段都能够合理地去爱自己的孩子。如果你在与孩子的相处过程中克服了一切困难，那么你将可以做好任何一份工作。因为你已经具备了良好的个人品质——组织能力、抗压能力、百折不挠的态度，甚至不用睡觉的能力。

然而，我从来没有遇到过任何一位父亲会经常抱怨这一切。你的收获是无价的，没有人会像你的孩子那样需要你的陪伴。一旦你陪在孩子身边，你就会得到孩子完全的信任。孩子相信你一定可以做到。原因很简单，只是因为你是孩子的父亲。

有些时候，你甚至觉得孩子对你的这种信任是疯狂的，但这样的信任通常正是你所需要的。你会克服危机，迎难而上，让一切好起来。爸爸可以做到！孩子对你的这种信任可以说是完全正确的。

男孩的父亲和女孩的父亲

女儿洛塔小时候问过我一个问题，为什么妻子和我不是一个姓氏。她有她的理解：“姓氏有男孩和女孩之分。女孩的姓氏就像我这样的，男孩的姓氏就不同了，或许就像是鲍迈斯特

（Baumeister）[1]那样的！”我当时觉得这很有趣，洛塔不知道在什么地方听到的这个单词，这个姓氏的确是包含了男性的所有特征。

由此表明，孩子会多么用心地去观察男性和女性分别具有怎样的特征。父母可以讲述自己的故事来表明男孩和女孩对于各自的角色会持有多么刻板的认识。我的故事是这样的：当洛塔还在幼儿园上学时，她突然开始学着去辨认建筑工地上的各种车辆。她经常把“挖掘机”这个词挂在嘴边。她的这种行为与我对于性别角色的认知是不符的。这让我觉得我得为她买一些别的玩具了。洛塔一直都喜欢玩玩具娃娃，她有一个玩具娃娃叫希尔德加德（Hildegard），一个叫奥托（Otto），一个叫福音（Gospel），她把它们当成自己的孩子一样来照顾。然而，在我小时候，许多玩具几乎没有在我的生活中出现过——没有马克林火车模型，没有慧鱼模型，没有火柴盒小汽车。当我的妻子在洛塔身上重拾自己的童年回忆时，我的女儿却沉浸在玩具娃娃和发带的海洋里。她的周围都是一些粉红色的物品。

我发誓，我和妻子从未想过要将“可怕”的“莉莉菲公主”带到我们家。“莉莉菲公主”最初是出现在图画故事书中，但后来她更多的是出现在成千上万的商品中，从铅笔盒到小蛋糕，她

① Baumeister 作为姓氏，译作“鲍迈斯特”，该词也指“建筑师”，与该段最后一句话产生关联。——译者注

的形象无处不在。我不知道有哪位父母不会觉得“莉莉菲”很可怕。同样，我也不知道有哪位父母能让自己完全远离他们的女儿喜爱的粉红色。

我在玩具店里的展柜上看到了一台亮黄色的乐高挖掘机，于是把它买下来送给了洛塔。她乐此不疲地玩着这台挖掘机。我很开心看到她像模像样地摆弄着挖掘机。她在玩耍完之后，说道：“我亲爱的挖掘机，你现在累了吧。来，我带你去睡觉。”她把挖掘机和玩具娃娃放在了一起，并给挖掘机盖上了一块精致小巧的桌布。她于是说道：“现在好好睡吧，亲爱的挖掘机！”

我尝试过一切可能的方法：给女儿们买过足球，给她们送过木刻刀，帮她们报名参加了足球俱乐部。我还给她们送过科乐多科学实验套装、火车轨道玩具和乐高技术系列。我做的这一切是为了给她们提供常见性别角色认知外的其他可能。不过，我必须说的是，我做的这些事情，一些效果很明显，一些则没什么效果。当我和孩子们一起做这些事情时，她们喜欢做科乐多科学实验。她们喜欢让她们的玩具动物，尤其是玩具品牌“思乐”的玩具马，在铁轨上跑来跑去。但面对那些玩具娃娃和小仙女，以及那些粉红色的小玩意儿时，这些玩具根本没有任何的机会。

我成功地没有让芭比娃娃出现在我们家，但家里有一些按照性别刻板印象裁剪出来的名为“顶级模特（Topmodel）”的贴纸相册。在这些相册中，女孩们可以把瘦窄的“零号衣服”粘到骨感的女孩形象上。这样一些小玩意儿很容易会被带入家中，就像是“Conni 系列”的图书一样。在这些书中，一个好逞能的、爱顶嘴的女孩和她那善良的、聪明的父母一起去经历各种无聊到他们以此来麻痹自己的探险活动：《Conni 在马场》《Conni 去上学》《Conni 在医院》。我的女儿们会听着这些故事入睡。

有些时候，抚养男孩和抚养女孩是有区别的。作为女孩的父亲，我最常会被问到一个问题是，我是否想再要一个男孩。我回答说，我当然很高兴能够有一个儿子，但我从不觉得没有儿子会有什么问题。或许，有儿子的好处在于，在抚养儿子的过程中，父亲们不会像抚养女儿一样接触那么多“Conni 系列”的图书。

至于有儿子的父母是否也经常被问到，他们是否更想要生一个女儿？我想这种情况不多见。因为这个问题是在一个传统的社会背景下提出来的。在 150 年前，如果父母只有女儿，这会被视为一场经济灾难。父亲们必须要为所有的女儿都准备好嫁妆，为的是可以将她们嫁出去。当时，女儿在经济上会依赖于自己的父亲，所以她们必须要无偿地做家务。与此同时，她们不需要赡养自己的父母。针对女性的社会观念也很有限。她们的工作机会也会受到影响，即便是得到一份工作，薪资也很一般。所以在德国的一些地区，生女儿会被人嘲讽。在巴伐利亚州的农村地区有一个习俗：如果一个父亲生了一个女儿，就会把罐头盒扎成一捆挂在他家的门口上，因为他是一名制作罐头盒的工人。这种习俗反映出在当时生一个女孩显然是不被看好的。从某种角度来讲，直到今天这一习俗也未得到改变。

人们有固定的审美标准，其他一切都被认为偏离了这一标准。或许，女孩子在生活中最难以忍受的一件事情，就是必须一直要通过他人的视角来打量自己的外表，然后做出自我判断和归类。然而，正如你在一些广告和网络平台（Instagram、TikTok）上看到的一样，你的父母和朋友也都会告诉你：一定要做你自己。

所以，我可以发自内心地说，我喜欢女儿，但我不知道女儿是否总是愿意当女儿。

大多数人会认为近年来性别角色变得越来越模糊。今天，不是轻轻松松就可以让自己变得与众不同吗？大众能够接受的体型范围不是更加广泛了吗？从表面上看，这也许是对的。但与此同时，对理想身材的轰炸在社交媒体上已经展开。我们的孩子几乎不会去翻阅一些时装杂志，也不会特意去观看一些身体乳液广告，而是会看看 Instagram 和 TikTok。现在的年轻人在这些平台上花五分钟就可以看完十个舞蹈视频。在这些视频中，许多和她们年纪相仿的、身形苗条的女孩展示了什么样的身材更受人们的喜爱和追捧，也因此获得点赞和关注。更糟糕的是，社交媒体会说：你也可以这样做！现在你也应该拍一个视频，然后圈粉，是时候让自己红起来了，让自己成为一个网红了！

过去，也有一些招募年轻人的广告。但那个时候，模卡会被送到模特经纪公司，模特星探也要四处奔波。整个流程完全制度化了。作为一个年轻人，你可以安慰自己说，美丽而富有的世界只是不属于我。而今天这些就发生在我们的眼前。在那里，网红是那些用手机摄像头就能让自拍看起来很专业的人。算法告诉我们：数据是不会撒谎的。

有证据表明，这一现象对年轻人产生了巨大的影响。多伦多大学心理学家克莱尔·米格利（Claire Midgley）测试了 800 名参与者将自己与他人进行比较的倾向。她发现在社交媒体上这一点更为明显。敏感的人尤其会受到这种影响，他们经常将自己与所谓的优秀者联系起来。

身为父母的我们往往也是这些问题的始作俑者，尽管我们想要保护我们的孩子不受社会的影响。如果父亲总是对女儿说：多运动，别吃太多。他这样做往往是希望孩子将来在生活中不要面临失败。因为在父母看来，当你吃太多巧克力而疏于运动时，显然已经埋下了失败的种子。外在世界所遭遇的失败均有其内在原因！你在餐桌旁就不能端正坐姿吗？那你是不可能找到工作的，因为不守餐桌礼仪的女孩子在外面也是没有机会的 。暴饮暴食的肥胖女孩找工作也挺难的，因为没有人想给自己的身边招一个不爱运动的女孩。当孩子吃小面包时，家长会提醒她，你吃的这些东西最后都会变成你胳膊上的肉。女儿很快就会知道，父母很难想象有什么比有一个胖女孩更糟糕的了。她们之所以能够知道这一点，一方面是通过父母对她们饮食习惯的批评，另一方面是通过父母对她们的表扬，因为她们符合父母关于理想孩子的想象。

当女儿们发现，父母将吃饭这件事看得如此重要时，或许她们很可能会尽力去满足父母的想法。父母觉得自己的角色是让孩子适应这个世界，但实际上他们只是在让孩子适应他们自己的想法，以及适应他们自己经历过的所有恐惧、伤害和误解。几乎所有父母都会说，他们总是竭尽全力地让孩子远离他们曾经遇到的那些问题。他们忘记了自己看待世界的方式很可能本身就存在问题。也许女儿比其他孩子胖一点也不是什么坏事，也许女儿对运动缺乏热情也不会有什么太大的问题。但是作为父母，你在无意间给一些话题增添了一些令人恐惧的气息，而这仅仅是因为你自己对此心有所惧。你需要做的是重新发现一些问题，并尝试着与孩子一起解决。你以后可能会有一个身材苗条的孩子，同时也可能会有一个缺乏安全感的孩子。如果父母经常表达符合自己想法中的孩子想象，那么孩子会觉得，父母爱的不是现在的他，父母爱的是他们想象中的他。

顺便说一句，认为这个问题只会对女孩造成影响，这一观点是错误的。外表形象对于今天的男孩来说同样十分的严苛。那些肥胖男孩在社交媒体上也会被边缘化。如今，过度肥胖在大众看来是身材管理失败的表现，是不健康的。肥胖男孩唯一能做的就是改变自己，或者让自己变得不起眼，隐藏起来。对于他们而言，根本不存在什么“只是简单地做你自己！”

也许没有人比男孩更需要父亲的支持。媒体中的男性形象影响了今天的男孩们。父亲可以塑造一个与之截然不同的形象。性别研究员、教育学家莱因哈德·温特说：“这对父亲们来说既是一项艰巨的任务，也是一个绝佳的机会。今天的男孩所缺乏的是那些他们在真实的人际接触中可感知的男性。”他发现，青春期男孩的男性榜样远远少于女性榜样。因此，他们更多地依恋于媒体形象。他认为，男孩的父亲应该为此承担特殊的责任。多年来，父亲一直是男孩唯一的榜样。因为在日托所和小学阶段，男孩接触到的通常都是女老师。

今天，许多父亲声称自己在性别刻板印象方面不同于他人。但是当他们的儿子在足球比赛中表现得很糟糕时，他们会在场边冲着儿子大声斥责。我认为父亲对儿子承担的责任恰恰相反，父亲要帮助儿子摆脱社会强加给他们的角色期望。这是因为受到这些负面影响的不只有那些没有成为“真正意义上的男孩”，还有那些成为“真正意义上的男孩”。他们始终认为自己必须要满足父母对于自己男性气概的期望。

莱因哈德・温特希望父亲们能够意识到自己是榜样，并鼓励父亲们为儿子展现积极的男性行为。这与让儿子了解消极的男性行为一样有价值。他说：“当一个男孩看到他的父亲愿意去承担责任，或者在某些情况下不会发脾气时，这些都是他的父亲在一言一行中表现出来的正面的榜样形象。”

来自得克萨斯州韦科市贝勒大学的传播学教授马克・莫尔曼证实了这一点。他说：“孩子的父亲是孩子将来成为人父后最重要的榜样。”如果在孩子的成长过程中，他的父亲不能全面发挥自己身为父亲的作用，又或者是处事草率，那么孩子以后将很难打破父亲给他留下的这一负面影响，他必须努力让自己将来成为一个不一样的父亲。与之不同的是，一个向子女传达自信和能力的父亲，他的孩子同样极有可能是自信的、上进的。

作为父亲，我们传递给孩子的性别角色印象，不仅会在当下对孩子造成影响，还会影响孩子的未来。我们总是认为女孩子往往对于数字、数学、代码、数据文件和技术没有什么兴趣。几乎没有任何父母会让自己的女儿拆开手机来研究其内部构造，或者让自己的女儿去学习编程语言 C++，或者让她去弄清楚电脑的存储结构是如何工作的。大多数父母都理解自己的女儿对物理和化学产生的抵触情绪。同时，他们赞成数学与孩子今后的生活关联甚微的这一观点。他们告诉女儿语言很重要。在此期间，他们并没有意识到，他们正在给自己的孩子灌输一种特定的生活模式。因为如果他们的女儿学习的是语言，而不是数学，那么她们可能从事的是教育或者艺术行业，她们的收入极有可能会低于她们从事计算机科学或纳米科学等行业的收入（如果她们学习这些专业的话）。这些科目，即所谓的 MINT 科目（数学、信息技术、自然科学、技术），大多学习者是男性。正因如此，促进互联网公司快速发展的大多是男性，创造数十亿销售额的大多是男性，而我们这个时代的超级富豪也大多是男性。那些没有选择 MINT 科目的女孩经济条件极有可能会低于她们的丈夫，她们很可能会待在家里带孩子，因为丈夫是家庭的经济支柱。所有人都会对她说，这样的性别角色对于一个母亲来说是非常合适的。男女之间常见的权力关系已经被复制。但这一切都始于父母，因为他们觉得数学是一门枯燥乏味的学科，根本不适合女孩子来学习。

瑞士经济学家玛吉特·奥斯特罗（Margit Osterloh）、路易莎·希兹利（Louisa Hizli）、安妮娜·莫兴（Annina Mösching）的一项联合研究指出，这一切与社会角色形象有很大关系。在一篇备受关注的文章中，她们特别阐述了所谓的“性别平等悖论”：一个国家的男女平等程度越高，女性选择 STEM 科目（科学、技术、工程、数学）的占比就越低。在伊斯兰国家，这一比例远高于西方国家。至于为什么会出现这种现象，科学界对此一直争论不休。有一种解释是，在男女平等程度较高的国家，人们比较富裕。因此，无论是男孩还是女孩，都会遵循本心地去追求自己的兴趣爱好。在选择职业时，主要考虑的是自己能否从中找到乐趣和成就感。然而，还有一部分原因是一个女孩是否对数学或自然科学感兴趣，与女性的社会地位关系不大，而更多的是关乎公众对于女性典型特征的看法。在阿拉伯国家，女性在很多方面的处境都很糟糕，但并没有偏见认为女性不太适合学数学。

当然，男孩和女孩是有区别的。早在婴儿时期，激素就会对人的发育产生影响。但这些差异并没有人们常说的那么重要。男孩不是来自火星，女孩也不是来自金星。神经科学家丽丝·艾略特（Lise Eliot）检验了几项关于神经结构方面的性别差异研究。她指出，男孩和女孩之间的距离更像是“北达科他州到南达科他州”的距离，而非火星到金星的距离。因此，除了体格之外，女孩和男孩之间肯定还存在神经系统方面的差异。然而，在丽丝・艾略特看来，鉴于儿童大脑的高度可塑性，这些差异也没有那么重要。相较于生理特征，大脑更容易受到环境互动的影响。父母是其中的一个关键因素，父母造就了男孩和女孩。

我经常问自己，如果我的孩子是儿子，而不是女儿，那会有什么不同。正如我的兄弟本杰明（Benjamin），他有四个孩子：一个女孩和三个男孩。他长期居住在柬埔寨，他的孩子都是在那里出生。也许是因为柬埔寨这个国家，他的儿子们对于足球运动毫无兴趣。在那里，足球是无关紧要的。稻田里随处可见的是装甲车和废旧车辆，它们见证了内战爆发的那段历史。有一次去看望本杰明时，我看到那些地方已经成为了孩子们的游乐场。

本杰明与他的孩子有一个共同爱好——组装飞机。现在他的儿子们可以说是对飞机了如指掌。他们既非常熟悉普通的客机，也十分了解二战时期的各种喷气式飞机和螺旋桨飞机。他们也会自己制作模型飞机。在周末，我的兄弟本杰明会和他的儿子们一起，利用聚苯乙烯泡沫板和硬纸板来制作飞机。在装上电动机后，他们来到小镇郊区的田野里进行试飞。我去的时候，映入眼帘的一幕是，一个大男孩带着三个小男孩，每个人都拿着一个遥控器。飞机在他们周围嗡嗡作响，这里就像是一个机场一样。其间，他们总会有人在操控飞机时不慎让飞机挂在了周围的树上。本杰明会和他的儿子们一起爬上树杈。没有什么比飞机夹带着树叶上的雨水摇摇晃晃地终于再次回到地面时，更加令人欣喜的了。然后，本杰明一定会教导他的儿子们从树上下来。总的来说，他一直在教育儿子们：不要总是看到什么树都往上爬，不要总是胡乱尝试，不要总是打架，不要总是瞎跑。他的女儿对这些事情根本不感兴趣。当看到本杰明和他的儿子们的这些行为时，真的很难说男孩和女孩没有什么区别。一切都只是因为社会上存在的性别刻板印象。

我不知道父亲应该如何与儿子相处。任何一个有儿子的父亲都比我更清楚这一点。但有时我会看看本杰明是怎么做的。比方说，当涉及孩子在学校发生的一些事情时，他知道一个男孩在学校遇到麻烦意味着什么。他自己曾经就有过这样一段经历：上小学时，他的老师刚开始都很喜欢他，因为他很听话。但慢慢地，他开始不会什么都听老师的了。他不愿意用一个学期的时间来拿布料做一个女巫，再把它挂到窗户上。他变得越来越固执，显然他对这类课程已经失去了兴趣。最后，他的小学老师出了一份书面证明，以表明他的动手能力欠佳，不适合入读中学。他必须通过相当复杂的复试才能被允许升学。直到今天，这段经历都让他记忆犹新。

当我看到本杰明与他的儿子们相处过程中的点点滴滴时，我很钦佩他。他的几个儿子喜欢瞎胡闹。他自己的工作也很忙，但他会让儿子们感觉到，他们的父亲是关心他们的，是懂他们的。他会专门花时间来陪伴每一个孩子。他会和大儿子一起去附近攀岩。他会和年纪小一点的儿子们一起制作模型飞机。他关注着孩子的世界。他尊重孩子的生活。他知道作为一个成年人，他要学会去理解他的孩子。

他在家中是如同权威般的存在，虽然他既不比我强壮也不比我嗓门大，但他知道如何让孩子遵守他的指示和规定。当孩子遇到挫折时，他总是会尽力支持他们。哪怕是他必须要在学校陪孩子好几个小时，甚至是不得不聘请律师。在我的印象中，他的孩子都知道他们的父亲值得信赖，而且他会非常用心地去关心每一个孩子。

父亲们应该多多关注他们的儿子，应该培养自己敏锐的洞察力，从而去了解儿子目前是否遇到了什么问题以及在哪些方面遇到了问题。他们必须找到一种恰当的方式来与儿子一起探讨。以前，父亲要与儿子谈论一些敏感话题，是一件极其困难的事情。其原因主要是父亲必须摘下自己身为一家之主无所不知的面具。但为什么实际上不是这样的呢？如果今天父亲要求自己的儿子能够懂事，并且拥有较好的感受能力，那么父亲同样应该做到这一点。

最重要的是，父亲要陪伴儿子去完成一些重要的事情。因为积极的男性形象在今天受到了质疑。人们期望男孩与女孩在本质上有所不同。但男孩不知道什么样的行为是“对的”。因此，处在青春期的男孩经常会感到迷茫。

许多曾经被认为是典型的男性行为现在受到了质疑，而且这些质疑基本上是对的。旧有的男性理想形象已被部分瓦解，但全新的男性理想形象尚未形成。这不一定是坏事，即使对男孩来说也是如此。成人仪式说明他们已长大成人，而作为男孩意味着他们可能会与冒险、暴力和酒精有关。肢体冲突被认为是再正常不过的事情，这让他们感到很痛苦。

如今已经没有什么是正常的了。人们唯一达成的共识，似乎就体现在男孩及其男性气概方面存在的问题。女孩一直被教导她们必须像姐妹一样团结起来，而男孩则与之不同。在我们的社会中，有“女孩力量（Girls Power）”之说，却没有“男孩力量（Boys Power）”这样的表述。女孩应该得到更多的支持，而这却不适用于男孩。女孩应该为自己是女孩之身而感到高兴，而男孩却并非如此。

当今社会有时会公开承认：男孩处于劣势。女孩通常会在学校取得更好的成绩，并且可以更好地适应学校体制。男孩被诊断患有多动症的概率是女孩的四倍。例如，埃尔福特大学教育与社会不平等专业教授马塞尔·赫尔比格（Marcel Helbig）在一本综合性著作中研究了不同性别在教育方面的变化。他发现，虽然女孩和男孩的智力相同，但在晚一年入学的孩子中有五分之三是男孩。11% 的女孩会提前上学，但男孩提前上学的占比仅有 7%。在留级的孩子中，男孩的比例在小学就已经很高了。

所有这些信息都是一个有儿子的父亲所应该知道的。因为在这种背景下，男孩的心中有一个真正的对手就显得尤为重要。

教育家莱因哈德·温特认为男孩的青春期是他人生中的一个重要阶段。在此期间，发生争执是在所难免的。他说："他们需要争辩，这样他们才能认识自己和感受自己。"他认为，只有在争执中他们才能找准自己的定位，从而实现自我发展。交流观点和感受有助于他们了解自己的情绪。如果父母（尤其是父亲）退缩不前，不愿与儿子发生争执，那么孩子的成长和发展将会变得十分困难。一个男人要懂得从男孩蜕变为男人将会经历各种不易。

青春期孩子的父亲

一位女性朋友曾经告诉我，并不是说青春期的孩子什么都不做，毕竟他们也在成长。

在格里塔身上，我可以完美地观察到这一点。她长大了，个子很快会超过我。她在睡觉时处于沉睡状态，甚至连附近交通事故中出现的汽车爆炸声都不会吵醒她，就连她的暴脾气父亲也无法让她醒来。但是当她起床后，她会拖着自己的身体来到冰箱前，仔细看看冰箱里有什么，再把冰箱门关上。之后，她竟然又想回去躺到床上。

父亲们喜欢去说一些他们与青春期孩子相处的经历，因为几乎没有什么其他话题能让他们从别的父亲那里得到如此多的同情。父亲们在谈论到孩子的青春期时，就好像青春期是一种疾病一样。在和孩子们的生活走向美好之前，不论是父亲还是母亲，都必须忍受这种疾病。在此过程中，至少会有两个人受到影响：长大成人的孩子，以及不得不接受自己不再是孩子的一切衡量标准这一事实的父亲。

青春期过后，一切就都不一样了，这往往令父母难以接受。这也意味着你自己变老了，你无法再随时准备好解答孩子们的所有疑惑，你不再是那个“知道得更多的人”，你被夺去了为人父母得到的一个伟大的礼物：成为孩子的榜样。自此以后，你的内心会充满矛盾，你会受到孩子的质疑，就像你会陷入自我怀疑一样。

或许这就是青春期发生的许多故事常常会鼓舞人心的原因所在。一位熟人最近告诉我，他的女儿是如何冲他大吼大叫，然后砰的一声把房门给关上。但是很快他的女儿就打开了房门，并且拥抱了他，还对他说，他很好地忍受了她在青春期表现出来的各种小性子。也许在那一刻，他们都想要紧紧地拥抱对方。毕竟，没有什么比童年的结束更令人难过的了。

与之相反的是，许多父亲喜欢将自己描述为青少年“成为异类”的受害者。男孩变成了电脑游戏机的附属品，散发出难闻的气味。女孩变成了圣诞树，树上永远挂着华丽的彩带，要不然就会闹情绪和发脾气。青春期被认为是忧心忡忡的父母和他们疯狂般的青春期孩子之间的一场持续斗争。

青春期的孩子似乎总是叛逆的、不守规则的，不论是思想上还是身体上都充斥着荷尔蒙。曾经性格温和的女孩开始变得特别冲动，曾经懂事听话的男孩开始变得特别粗鲁。上一秒女孩们还在用水彩来作画，下一秒她们就开始给自己化妆了。父亲们小心翼翼地提出的所有询问都被她们粗暴地驳回了。

我不喜欢这种观点的原因是，父亲们认为自己在青春期孩子面前过于被动。好像他们只负责养育可爱、懂事的孩子，而接下来不得不与野蛮的孩子相处几年，这样孩子们才能成为一个冷静的、理性的成年人。

事实上，孩子在青春期会经历前所未有的变化。性激素发育成熟使得孩子们的身体会得到重塑。第二性征出现，身体快速发育，喉结增大，出现变声期，女孩出现月经，男孩开始产生精子，甚至孩子们的大脑也进行了部分重组。

在这段时间里，孩子们的身高每年会增长五到八厘米，仿佛经历了一场“卡夫卡式”的变形。孩子的外表正在经历迅速变化，他们根本不知道这段变形之旅去向何方。这是一段完整的旅程。对一些人来说，这更像是一段恐怖之旅。

青春期的孩子会陷入到一个爱慕虚荣的世界中。他们在疯狂地攀比美貌、运动和潮酷穿搭。他们身旁的父母觉得自己是受害者，压力很大，认为这基本上都是他们要面对的事情。

在这一时期，你帮不了孩子太多。因为这一切都在转向一个陌生的世界，父母不再是家庭法则的制定者，一切不会因为父母说会好起来的就会向好的方向发展。在这一时期，父母会因为自己的大人身份而感到失落。他们惊讶地发现，孩子们全然忘记了要保持友好、沉着。

在这一时期，孩子们将不再是一个小孩，而是会逐渐走向成年。无论是对于孩子还是对于父母来说，成年都是一个复杂而又艰难的话题。

以前，父母在家里是如同权威般的存在，他们无所不知。他们给孩子提供了看待世界的视角，他们向孩子传授知识，他们是善恶是非的评判者。孩子只需要像父母那样来看待这个世界，那就对了。但是随着孩子的成长，他们会发现父母的观点也有欠缺，他们会对一些事情持有不同的看法。孩子会明白，父母之所以持有自己的观点，是因为他们拥有自己的经历。而孩子也会拥有自己与众不同的经历。这会让人觉得有些不安，甚至对父母来说也是如此。

当他们发现孩子与他们完全不同时，他们常常会感到痛苦。比如，你一直想通过科学搭配有机食材来激发孩子对烹饪的兴趣，而孩子的兴趣却逐渐聚焦在股市波动上。怎么可能会这样？你不一定就做错了什么。恰恰相反，也许你做了很多对的事情。因为至关重要的不是孩子和你有着一样的喜好，而是孩子能够了解你，可以预测你的立场和你做事的原因。但是你得首先让孩子认可你的父亲身份。对于许多父母来说，仅此一点就很困难。因为这意味着你自己的一言一行要表现得像一个成年人：你有自己的追求，你有自己的事情要做，你有权参与到这个世界之中，以及你有自己的立场。

当父母的观点受到质疑时，这并不是孩子们的无礼行为。这意味着孩子们很重视自己的父母。这其实是件好事。如果你的观点受到孩子们的质疑，这意味着他们之前已经注意到了你的观点；如果孩子们无视界限，这意味着他们之前已经注意到了界限的存在。这首先是件好事。

然而，如果你认为做父母等同于得到自己孩子的肯定，因为你也会给予孩子肯定，那么这个过程就会变成一种痛苦的经历。心理学家沃尔夫冈·施密德鲍尔说："许多父亲在受到质疑时，就不再发挥自己身为父亲的作用。他们因为得不到孩子的肯定而表现得很难过。"他建议父亲要学会幽默。幽默总是一种有效方式，能够拉近人与人之间的距离。

我在前文已提到，父亲们接受自己成年人的角色会有多么重要。现在，你能为自己成长中的孩子做的最好的一件事就是向他们展示成年意味着什么：做决定、承担责任、忍受异议……这对于今天的很多父亲来说显然是很难的，成年似乎也不再是一种令人特别向往的状态。显然你甚至都不想再让自己处在那样的状态了。时装设计师卡尔·拉格斐（Karl Lagerfeld）曾经惋惜道："如今成年男子穿着'短裤和 Polo 衫'四处转悠，就好像他们是他们自己的孩子一样，这太恐怖了。"

当父亲们想通过让自己变得"年轻"的举止来越过年轻人的界限时，自然就会引发一些问题。他们可以穿彩色的连帽衫或白色的阿迪达斯运动鞋，也可以频繁地出现在社交媒体上。现在五十岁以上的人也可以玩转 TikTok。社交媒体可以说是一种非常简单有效的方式，能够让一个人仿佛年轻了许多，因为在这些网络平台上你几乎可以做年轻人所做的一切。借助于这些社交媒体，你不需要花费多少钱，就可以假装自己不是一个成年人。卡尔·拉格斐曾巧妙地说道："不要试图假装年轻，这是行不通的。你可能会糊弄一些人，但是你糊弄不了年轻人。"这很重要。青春期的孩子会认为这一点都不酷，而这也正是他们所在意的部分！

教育学家莱因哈德·温特也认为，如果父母自己表现得过于年轻，就会导致一些问题。对于青春期的孩子来说，他们会更加难以摆脱自己的父母。"我认为这就是一些年轻人（尤其是男孩子）甘愿冒更大风险的原因。如果父亲也骑山地车，那么儿子就一定会选择下坡路段来骑行，这样他才可以让自己与众不同。或者说，他一定会抱有一些极端的想法。"如果父母的一言一行都有点老套，实际上这会让孩子更容易接受。另外，莱因哈德·温特并不认为关于青春期的许多争论有什么问题："我认为这是一种很好的方式，可以促进父子之间的交流。父亲们往往觉得，两人之间展开友好的交流，本就应该是和谐的。为了促进双方了解彼此的性格而进行的交流是非常重要的。"

然而，父亲们追求和谐的这一愿望受到了考验。在这一时期，孩子会离开自己的父母，某些家庭变得形同一个合租公寓。孩子们可以随意进出。我已经有一段时间没见过洛塔了，因为她经常不在家。我的脑海中有一张她的好友名单。她总是说，现在要去见这个朋友，或者去见那个朋友，然后就出门了。她会去公园参加聚会，以及与朋友约在桥底下或者其他地方来聊天。我和妻子有时会很担心她。我们生活在一个大城市，任何事情都可能会在这里发生。女孩可能会碰到异性的搭讪，又或者遭遇一个十六岁女孩可能会遇到的困扰。我要洛塔确保手机不离身，这样我就可以随时给她打电话。我还想要她去见的那些朋友的联系方式，但是我的这种想法是不现实的。因为她的朋友越来越多，我不能要求她为了让父母宽心而每认识一个新朋友就问人家要联系方式。毕竟，总体来说，我还是很幸运的：我还从来没有去警察局接过我的女儿。事实上，我的身边已经发生过许多次这样的事情。一些孩子会去见一些流里流气的人，经常会喝酒喝到断片儿，然后被警察集中控制起来。

洛塔说，她和朋友们在一块儿时就是说说话。但我知道，即便是我在十六岁时，我也不会把时间只花在聊天上。那个时候，我对许多事情都充满了好奇，而且愿意去尝试一切。我曾经骑着自行车去见过我喜欢的女孩。我经常在夜里喝得酩酊大醉，有时醉到都不知道应该如何安全地回家。因此，我经常没法安全到家。有一次，我的嘴唇被人打得流血了，牙齿也被打掉了一颗，我的父母不得不来接我回家。还有一次，我喝醉了不小心撞到钢梁上，额头上撞出了一道很深的伤口。那段时间我过得一点儿不轻松。对于我的父母而言，那段时间他们一定很担心我。尽管如此，他们至少看上去还保持着镇定和冷静。

洛塔有时会问我能不能给她一些钱，这样她就可以买啤酒喝了。我觉得不可思议，甚至很气愤。我从来没有为了买啤酒向父母伸手要钱！那我为什么要给女儿钱让她买酒呢？不过，我当时会从父母家的地下室里拿一些啤酒，或者是从朋友那里蹭酒喝。如果洛塔无所顾忌地问我要一些啤酒，那么她实际上很有可能只会喝到一杯啤酒，而不会喝得烂醉。至少对她来说，这似乎并不是一个她必须要远离我的话题。无论如何，她从未带着被打掉的牙齿回家。我觉得这真是幸运！

没有新式母亲就没有新式父亲

教育学家玛格丽特·斯塔姆曾说："这个国家的女性可以是任何角色——老板、家庭主妇、员工、艺术家、辍学生。但她必须证明自己是一个好母亲。"这就是男女之间的最大差异。男性可以通过很多方式在社会上赢得尊重。他们可以在工作中取得成功，可以在运动中给人留下深刻印象……但是没有人会问：他同时是一个好父亲吗？他的孩子们对此怎么说？

对于许多职业女性来说，面对这种基于优先次序的区别对待，她们别无选择。对于大部分人而言，做一个慈爱的母亲仍然是她们的首要工作。这是几千年来父权制的存在所导致的结果。一个母亲若是没有照顾好自己的孩子，她是无法被原谅的。人们对她没有太多要求。职业女性甚至还会受到指责。毕竟，追求成功的事业是以牺牲照顾孩子的时间和精力为代价的。然而，神奇的是，当父亲们以事业为重时，他们却不会以牺牲孩子为代价。在某种程度上，这为女性创造了一个责任领域，在该领域内，她们可以感受到自己得到了社会的认可——家庭领域。

家庭主妇是工业革命后德国女性唯一能够无可争议地实现的角色。如果一个女人离婚了，她就必须考虑到自己会受到来自社会环境的惩罚。这从今天的就业数据中仍然能够清晰地反映出来。大多数女性在孩子出生后依然会留在家里，只是偶尔会做一些兼职工作。也就是说，照顾孩子才是她的主要工作。

这仅仅是父亲们的错吗？是他们在自己工作的同时，将抚养孩子的重任推给了他们的妻子吗？或许并不是这样的：传统的角色分工（男性从事全职工作，女性至少要承担大部分的家务）仍然是十岁以下孩子的父母比较喜欢的模式。“父职报告”显示，这种模式的支持者占比达 50%。43% 的人希望父母是双职工，并且可以分担相同的家务活。只有 3% 的人希望女性承担养家糊口的角色。大多数的母亲仍然希望，丈夫负责赚钱养家，自己负责照顾孩子。

至于“谁在家庭中扮演什么角色”这一问题取决于夫妻双方的互相配合。他们应该互相分配责任。至于父亲能做什么、不能做什么、必须做什么，这其实也与母亲有很大关系。大多数孩子都有一个父亲和一个母亲。许多父亲在陪伴孩子时会按照他们猜想中的妻子对于他们的期望来展现自己的一言一行。

男性一如既往地相信经济实力会使他们成为别人羡慕的对象。或许女性也这么认为？2020 年优惠券网站“RetailMeNot”的一项研究显示，53% 的女性想要找一个收入比自己高的伴侣。北卡罗来纳大学的一项学生调查显示，80% 的人表示第一次约会应由男方付钱。而有 63% 的人认为这是对的。因此，在双方深入交往前，甚至是在组建家庭前，男性必须首先要向女性证明，他有一定的经济实力。

妻子有时会妨碍自己的丈夫在家庭中发挥更多积极的作用。教育学家玛格丽特·斯塔姆于 2008 年开展的一项大型研究项目显示，大约三分之一的受访女性倾向于认为她们的丈夫不具备照顾孩子的能力。“我们经常会听到女性希望尽更多的义务，她们觉得自己的丈夫做事拖泥带水，所以她们更喜欢亲力亲为。”而当父亲参与照顾孩子时，母亲可能会觉得他对孩子不够上心。这种行为被称为“把关行为（Gatekeeper）”——母亲把控着父亲与孩子的接触。父亲有时会被告知自己所做的一切都是不对的。

根据玛格丽特·斯塔姆的观点，父母双方通常都会参与到这个过程当中：母亲觉得父亲笨手笨脚的，父亲对此感到很沮丧，但这也确定了他扮演养家糊口者的角色。因为母亲显然更适合做家务。

对于“把关人倾向”的一种解释是，当父亲们想要对自己的孩子承担更多的抚养责任时，一些妻子会认为这是一种威胁。如果丈夫也可以更好地充当母亲的角色，那妻子还会剩下什么？对于夫妻双方而言，出现这种情况是会令人失望的。所以，夫妻双方都必须去改变一些事情。

因此，如果妻子不给丈夫空间来完善父亲的角色，自然就不会有新式父亲这一形象。

对于一个男人来说，尽心尽力地照顾孩子一定要让妻子满意。他必须得到妻子的鼓励，就像妻子希望自己的付出能够得到丈夫的肯定一样。否则，他们在社会上几乎都不会有什么改变。

当丈夫过多地介入家庭领域时，一些妻子明显会认为，丈夫不仅想在社会上，也想在家里发挥主导作用。她们会觉得自己好像从唯一的避难所被驱逐出来一样。而所谓的全新丈夫形象——尽心尽责的父亲——似乎在生活的方方面面都占据着有利的地位。妻子会开始自我保卫，不断地对丈夫扮演的父亲角色提出负面反馈——丈夫就是什么都做不好：没有把尿布放好，没有给奶瓶里的奶加温到合适的温度，没有用正确的方式来抱宝宝。每当父亲想要分担家务活时，妻子的感受是，丈夫只会越帮越忙。妻子给予丈夫的这些负面反馈贯穿着整个育儿过程，如在为孩子买衣服、做饭或整理衣服时。

在所谓的把关人（母亲）看来，丈夫的行为简直让人难以理解。“把关效应”有时可能会带来极其严重的影响。这样的妻子会全面挫败她的丈夫。与此同时，她们巩固了旧有的角色观念：孩子属于母亲。倘若父亲想要尝试照顾孩子，那么他只会把这件事情搞砸。父子关系也会因此而受到影响。因为孩子会觉得，母亲无论做什么都可以做好，而父亲什么也做不好。孩子们从小就被灌输了这种传统的家庭角色分工观念，而且这种观念会带来极大的负面影响。

人类学家安娜·梅钦认为，这样的母亲会严重打击父亲的自信心。父亲总是会被贬低。来自德国的家庭治疗师加布里埃莱·莱波尔德（Gabriele Leipold）甚至认为这其中存在某种“依恋障碍”。根据她的经验，极端的把关人（母亲）无法与多个人建立关系。如果孩子出生在这样的关系中，把关人会被压得喘不过气来，她会想把父亲从这段关系中赶出来。这样的母亲强烈想让自己成为孩子生命中最重要的人。她们想要超越父亲，她们认为父亲是一种威胁。她们为育儿设定了如此之高的标准，以至于父亲们不可避免地会犯错和失败。

在母亲作为把关人的情况下，与孩子的关系往往成为夫妻关系变化的主战场。作为母亲的身份变化、夫妻关系的变化、因缺乏丈夫的关心和支持而产生的挫败感等问题都可以通过女性全心全意专注于母亲角色来弥补。当下社会乐于看到这种现象：没有女性会因为自己是一位负责任的好母亲而受到批评。但是这一现象通常会让孩子与父母相处困难。玛格丽特·斯塔姆说：“对于孩子们而言，过度关心或许并不是什么好事。”在有把关人的家庭中，母亲处在丈夫和孩子之间，并且会觉得丈夫的无知会伤害到孩子。由此，孩子需要母亲的保护。

在此过程中，还有一个原因可能是，长时间没有从事工作的母亲会缺乏自信。她们担心自己无法从容地应对工作。在家中的小世界里她们是带孩子的专家。她们觉得，如果没有她们，家里的这些事情根本是不可能顺利完成的，就好像她们在家里是不可或缺的存在一样。

也有许多人批评“把关人假设（Gatekeeper-Hypothese）”。他们认为这个理论是父亲用来推卸责任给母亲的。就好像他们很想承担更多照顾孩子方面的工作，但都被充满嫉妒心的妻子无情地给阻止了。2021 年，《明镜》周刊有一篇文章的标题是：爸爸一个人就能搞定！现代父亲可以做到，若是母亲允许的话。因此在社交媒体上受到很多批评。毕竟，许多女性只是希望她们的丈夫最终能够投入更多精力来照顾孩子。但是她们失落地放弃了这一想法，因为她们的丈夫要么是偷偷溜掉，要么是笨手笨脚的，从而让妻子觉得照顾孩子根本就不是丈夫的事儿。

也正是因为丈夫如此的表现，所以人们无法充分地去谈论丈夫改变的必要性。但要想实现真正意义上的改变，只是单方面指责丈夫或妻子是无济于事的，最终还是要依靠夫妻双方的共同参与来改变一些事情。

对此，夫妻双方最好一起了解并讨论各自的角色分工。在此过程中，一切分工都是允许的。如果双方都乐意，那么传统的角色分工模式也是可以的。父亲负责赚钱养家，母亲负责照顾孩子，这一点不必受到谴责。心理学家沃尔夫冈·施密德鲍尔说：

"最令人满意的夫妻是双方都认同分配给自己的角色，并感觉自己得到了对方肯定的夫妻。最稳定的且最幸福的婚姻不是那些遵循某种特定模式的婚姻，而是那些基于自主模式的婚姻。"

我认识一些夫妻，他们的角色分工模式截然不同。妻子投入在工作上和出差上的时间要多于丈夫。直到深夜，她还要忙于工作，因为她要与美国的商业伙伴进行洽谈。在此情况下，父亲必须用心地照顾好孩子：他必须接送女儿，必须给女儿做饭，必须在空余时间陪伴着女儿。因为母亲没有时间做这些事情。

现在人们可以说，在这些家庭里，父亲承担了母亲的职责。与此同时，他仍然扮演着父亲的角色，他只是和妻子一起重新定义了这个角色。例如，父亲和女儿热爱运动，他们经常去爬山。父亲会让孩子去接受新的挑战，同时还会关心发生的一切。他负责维护社交关系，对接和老师的联系。显然，在此过程中他并不觉得自己的男性气概会受到任何影响。相反，他的妻子承担了如此之多的传统的赚钱养家的角色。他会以此为契机，向孩子传递特别重要的价值观。例如，对事物产生浓厚的兴趣，并追随自己的好奇心，或者为自己和孩子找到一个爱好，然后设定目标，并去探索问题的解决方案。孩子已经习惯了父亲的陪伴，他们相处融洽。然而，与此同时，这并不会影响到孩子与母亲的关系，即使母亲没有多少时间陪伴孩子，没有给孩子做午饭，也没有为孩子收拾运动包。尽管如此，她依然是一个母亲，而且没有人会觉得父亲并不是真正意义上的父亲。他们只是根据自己的需要来自由地安排一些家庭事务。

这对孩子来说是一种损失吗？他当然更希望父母都有很多时间，毕竟孩子们都会觉得那样挺好。当孩子的膝盖受伤流血时，他可能更想去找父亲，期盼着父亲能够递给他一杯热气腾腾的可可咖啡。或许父亲也可以做出美味的饭菜。但是孩子的生活会因此而更糟糕吗？在这种情况下，谁会过着糟糕的生活呢？我不这么认为，至少每个人都认为自己的付出是值得的。心理学家沃尔夫冈·施密德鲍尔说："在任何时候，孩子都可以渡过难关，只要有一个大人（无论是父亲还是母亲）陪着孩子，并告诉孩子他很重要。"只要人们愿意，就可以实现这一点。即使是一个单身的长途司机也能让自己的孩子感受到被爱。

然而，相较于面对孩子及其要求，角色分工不同的夫妻需要面对的困难更多。因为当他们以不同的方式做事时，他们会触及那些被认为是正常的事情。到目前为止，被视为正常情况的是，夫妻双方都处于工作状态，两人有着相似的教育背景，在有了孩子后，妻子会留在家中照顾孩子。

如果未来妻子在择业时，倾向于赚取足够多的钱来养活一家人，如果丈夫愿意接受比自己收入更高的妻子，那么会有很多收获。这是一个关乎社会接受度的问题。一个喜欢待在家里的男人一旦觉得自己在社会上被认为是失败者，因为他不能为妻子提供任何保障，导致妻子必须去上班，那么他就不会再想继续待在家里。而一个事业成功的妻子不必再回答自己是否同时是一个好母亲的这一个问题。

这种思维上的改变是一个面向夫妻双方的过程：丈夫愿意摆脱旧有的角色观念。妻子在规划自己的生活时不会认为自己与丈夫之间存在依赖关系。

当孩子不再那么需要父亲时

有时候我晚上会睡不着觉，心里想着我的女儿洛塔现在在哪儿逛着，她会不会回家，我们是否有必要约定一个时间，让她准时回家。但是之后我就困得睡着了，然后又会被吵醒来，因为半夜里不知什么时候洛塔会在门厅开心地喊着说："我回来啦。"她回来时已经很晚了，我整晚都睡不好，就像回到了她小时候那样。

为人父母所经历的许多事情都是不可控的。刚开始时，孩子们会频繁地往外跑，之后不久他们就会待在外面不回家了，他们做着自己喜欢做的事情，而身为父母的你无法左右这一切，你甚至不会接到他们的任何告知。最终，孩子们长大了，你会孤零零地留在家里。孩子们必须开始自己的生活，父母同样必须重新定义自己的生活。因为在此之前父母存在的意义主要体现在养育孩子上。

父母设想着，在搬运车即将掉头离开的那一刻，他们刚过完十八岁生日的孩子将会如何向他们挥手告别。然而，联邦统计局的数据显示：2020 年，德国超过四分之一的二十五岁的年轻人仍旧与父母住在一起，其中男孩的比例甚至超过三分之一。

然而，当孩子们从家里搬出去住时，父亲们也会意识到自己老了。例如，以前我和妻子搬到现在住的这个家，是为了抚养年幼的孩子，而现在我们却是孤零零的，因为孩子们会陆续搬到外面去住。这种现状让人难以理解，因为一直以来家庭都被视为一个整体。现在孩子们都走了。作为父亲的我们，将会面临这样一些时刻：再也不会早早起来去叫醒喜欢赖床的孩子，再也不会在餐桌上听到孩子讲故事，再也不会因为一些餐桌礼仪而发火，再也不会因为孩子穿衣服露出肚脐眼或穿着破洞裤去上学而生气。因为我们不会再经历这些事情了。有时候，孩子会让我们心情烦躁；有时候，孩子会缠着我们问问题，占用我们很多时间。但他们也会让我们明白我们存在的意义。

在孩子的成长过程中，这或许是最让父母头疼的事情：只要孩子对父母提出要求，父母就要有所行动。父母必须不断地去解决孩子提出的新问题，必须勇敢地面对，必须与孩子建立情感上的联系。当孩子从家里搬出去住，从父母的视线中消失，成为那个每周给父母打一次电话的人时，父母之前这种存在的意义就会随之消散。这意味着父母必须重塑自己的身份，必须寻找自己的人生主题，必须重新定义生活的意义，必须找到全新的人生使命。

许多父母都无法成功地做到这一点。沃尔夫冈 · 施密德鲍尔认为，在这一时期许多父母都将面临人生中的重大危机。当孩子离开他们后，他们必须去发现一个全新的焦点，去探寻全新的生活意义。孩子曾是父母聊天时的核心话题，是父母生命中的重中之重。因为父母对于孩子都有着更高的目标和期盼，所以能够忍受彼此的不足。而现在，这些都结束了。

卢娜已经搬走了，只有她几乎是从来都没有搬进来住过。十六岁之前，她和她的母亲住在一起。然后她被送进一所寄宿学校，之后又从那里搬到了合租公寓。也因为这样，我经常会去找她。她的这些经历也意味着她必须早早地就开始为自己的住所而操心，她必须有自己的家具，她必须为自己置办一些生活用品。她并不觉得这是什么美好的事情。成年意味着自由，却也意味着必须自己买衣服，必须自己动手做饭，必须以一己之力来维持生活。我常常会为此感到难过。同时，这也驱动着我要为卢娜继续去做一些力所能及的事情。

我们每周会见一次面，一起吃顿饭，聊聊我们当下的一些状态。所以对于她的生活，我了解挺多的。我们每周都会抽空聊一个小时，相比于我和其他孩子只是住在一起，我和卢娜对于彼此的了解要更深一些。从大学到恋爱，再到生活，这些都是我们经常会聊到的一些话题。当然，我们每天还会通电话。也因此，我让卢娜开心了许多，因为她不必再觉得她的父亲心里没有她。而她也让我如释重负，因为我不必再担心自己在她的生活中是无关紧要般的存在。假如她住在另一座城市，假如我们必须乘坐长途火车才能相见，或许一切都会是另一番景象。实际上，我骑自行车只用十分钟就可以见到她了，我们距离彼此很近。而她也很快就可以来到我和她的妹妹们身边。

现在，她住在一家电影院后面的一居室里。她的房间里有一张大床、一个小厨房和一个书架，这个书架是她用建筑工地上废弃的梯子制作而成的。她还养了一只名叫“科斯莫”的白猫。当她一个人住时，这只小猫可以治愈她油然而生的孤独感：有时她会觉得外面的世界在继续如常运转，但自己已经不再属于那样的世界。事实上，自然不是这样。假如我的孩子发生了什么事情，我的世界将会停止转动。我们必须在生活中学会适应或接受这样的感觉。现在，我们的感觉取决于孩子过得好不好，我们无法一直为孩子做一些有益的事情。我们对于这种感觉的依恋，就如同一个木偶希望操作线不会被扯断一样。

很多父亲对此不以为然。我知道有不少父亲在孩子幼年时疏于对家庭的关心。或是因为他们的工作很忙，或是因为他们离婚了，或是因为这对于他们来说不够重要。我认为，出生于 20 世纪 70 年代左右的这一代父亲非常容易会受到各种影响。他们有时生活在幻想之中：他们认为自己可以永远保持冷静，最重要的是可以保持独立和敏锐，这样就可以随时弥补一切。然而，他们不可能随时就能够与孩子建立起深厚的感情联系。倘若他们始终保持独立和敏锐，那么他们往往会不够亲切。许多后来与孩子相处不好的父亲都想知道出现这种情况的原因。通常只不过是因为他们的孩子其实并不愚笨。

发展心理学专家帕斯奎琳娜·佩里格-切洛在她的研究中发现，当孩子搬出去住时，母亲的情绪相对不会那么消极，因为她们平日在家里与孩子沟通要更多一些，她们仍然会与孩子保持联系，而且联系的频率远高于她们的丈夫。另外，母亲常常是父亲和孩子建立联系的中间人。所以父亲会发现自己错过了许多，而且为时已晚，无法挽回。只有当孩子们搬出去住时，他们才会意识到这种遗憾。

当你对孩子的依恋超过孩子对你的依恋时，你心中的依恋感会愈加强烈，持续的时间会很长。当你二十五岁的孩子要从家里搬出去住时，你的余生还很长，孩子不可能一直陪在你身边。随着年龄的增长，总有一天你也需要有人来照顾你。你渴望孩子对你多一点关爱，就像当初你对孩子的关爱一样。父亲关爱自己的孩子，这再常见不过了。而孩子长大后却未必会敬爱自己的父亲。

许多父亲声称自己无法过多地参与孩子的童年生活，想着等孩子到了十几岁时再去融入孩子的生活。这只会让父子关系变得更加困难。心理学家安德烈亚斯·艾克霍斯特警告说："我建议所有父亲利用好孩子的幼年时期。"什么时候与孩子建立情感联系都不会晚。在孩子小时候，父亲最容易与其建立情感联系。

每一位父亲都要找到自己融入孩子生活的最佳方式。这不一定会占用你太多时间。对于我来说，一些简单的生活习惯就能起到事半功倍的作用。我每天都会早起给孩子们做早餐，再把早餐送到她们的房间里。我希望她们早上醒来的第一个感受就是她们的父亲会用实际行动来为她们做一些事情。我希望她们可以开开心心地喝一杯可可咖啡，吃几片吐司面包，再去上学和开始忙碌的一天。我想愉快的一天就是这样开始的。有人会为她们默默地付出。她们每天早上经历的第一件事情就是愉快的。我可以投入二十分钟来做这些事情。我自己也有收获：每天早上我都可以和孩子们愉快地聊天，这会让我觉得自己没有疏于对孩子的照顾。我还希望她们可以习惯于被人尊重的感觉。我想，她们将来也会遇到自己喜欢的人。我希望她们可以体验到被善待和被尊重的感觉。当她们从家里搬出去住时，她们依然拥有这种感觉。至少这是我的愿望。这让我每天早上都知道我首先要做什么，有了按时起床和开始新的一天的动力。与家人一同迎来崭新的一天，这种感觉真是太好了。

另外，父亲对待女儿的方式也会影响女儿将来的择偶。因为女儿在婚姻关系中会不自觉地模仿父女关系中的一些基本特征，哪怕是一段不太融洽的父女关系。来自汉堡的心理学家西格丽德·施泰因布雷歇尔（Sigrid Steinbrecher）说："父女关系会影响到异性恋女性将来的婚姻关系，同时会决定她们的一生。"父女关系会成为女儿发展其他关系的模板。女儿根据父女关系来确定自己的婚姻关系。因此，与父亲难以建立情感联系的女儿，将来也会有一个在情感上难以接近的丈夫，这并非巧合。一方面，她们认为婚姻关系本就应该是这个样子；另一方面，她们最善于和这种类型的男人相处。她们知道自己期待的生活是什么样的，以及如何合理地做出应对。一个好丈夫可以给予她父亲无法提供的东西。然而，没有得到父亲关注的孩子会认为自己不值得被关注，她们很难接受来自于丈夫的高度关注，更不用说被认真对待了。当她们后来从丈夫那里得到正常的爱时，她们难以相信这一现实，甚至觉得丈夫没有真心待她。

当女儿长大后想要与一个父亲不认可的男人建立婚姻关系时，父亲通常是不能理解的。他不明白正是他自己促成了女儿这样的婚恋观。简而言之，什么样的父亲就可能会有一个什么样的女婿。

对一个男人的“最高惩罚”是，他必须通过别人眼中的他来审视自我。心理学家伊姆加德·赫尔斯曼（Irmgard Hülsemann）说：“父亲低估了自己对于女儿成长的重要性。只有当女儿拥有融洽的父女关系时，她才更有可能建立幸福美满的婚姻关系。当女儿感受过父亲对她的尊重和爱时，这种经历是对她最好的保护，可以有效地避免她的婚姻走向破裂。如果一个女儿有过这样的体验，即父亲重视她，并认为她很棒，那么刚刚成年的她就不会陷入焦虑和烦恼。当她遇到一个爱她的男人时，她可以自己去做出选择和决定。她不会认为这个男人给她煮了一碗面就一定会是爱的体现。”

然而，如果父亲很少陪伴女儿或者对女儿漠不关心，或许女儿长大后特别容易被满足：一个傻傻的男人站在一旁含情脉脉地注视着她。这会让她觉得，终于有一个男人会在意我了，终于有人会喜欢我了。

但今天的问题往往不是因为情感上的忽视，而是因为一些与之截然相反的原因。心理学家奥斯卡·霍尔茨伯格（Oskar Holzberg）指出："不同于早前几个世纪，在我们的文化中亲子关系是一种合乎理想的、相处融洽的、值得信赖的关系。以后，这种关系很有可能会转变为一种病态的共生关系，即以父母的想法为导向，忽略和限制了孩子的主体性。最终，这会让孩子倍感压力，导致亲子关系变得疏远。"

当父母非常强烈地想要处处为自己的孩子铺路时，他们将来就会无法接受这样的事实：孩子并不完全属于他们，父母只不过是在孩子几个重要的成长时期给出指引。为了培养自己的性格，孩子不得不摆脱这些来自父母的束缚。这样的父母不曾意识到他们正在阻止孩子过上独立的生活。

卢娜不喜欢做有风险的事情，她甚至连酒都不会喝。在搬到新家后，她找了一份工作。当她因为错过公交车而导致上班迟到时，她会被扣掉一部分工资。一方面，我会为她感到难过，为了每小时赚那几欧元的收入而被领导训斥。另一方面，我觉得对于她来说这是一个重要的经历。世界不会因为你不被人看好就会停止运转。最重要的是，你要知道，工作关系和亲子关系存在本质上的不同。但这并不会让你成为一个不那么受人重视和爱护的人。

对于卢娜来说，重要的是可以拥有一个属于自己的生活并能够照顾好自己。我必须承认，我不可能在任何事情上都能护着她。比如，如果她无法完成学业，她就得自己另谋出路，我帮不了她。父亲需要努力地去相信自己的女儿可以处理好任何事情。当女儿没能达到你的预期时，当她想要走自己的路时，你同样需要信任她。

有时候，我会以我的姐姐为榜样。她的女儿很早以前就从家里搬走了，告别了世俗的生活。她在露营地租了一个车位，现在住在房车上，身边还带着一只小猫。到了冬天，她不得不围在她的小火炉旁边取暖。不过，她可以享受自由而独立的生活。她是一个激进的环保组织的成员，她想要接受攀树师的培训，也许这样她就可以更好地服务于森林工作。我姐姐可能觉得这一切都是有问题的，毕竟那是她唯一的孩子。但我的姐姐仍然表现得很冷静，所以我也下定决心要保持冷静。

洛塔可能是下一个要从家里搬出去住的女儿。从她的个人行为来看，她已经有一半时间是在外面度过了。我知道接下来会发生什么事情。洛塔有一个非常要好的闺蜜，她经常会去闺蜜家过夜。同样，她闺蜜也常常会来我们家过夜。以后，她也会结交自己喜欢的男朋友。总有一天，她可以自主决定晚上住在哪里。而作为父母的我们对此是无法左右的。到那时，父母将会完全失去对孩子的控制力。我将再也不能对她发号施令，再也不能强迫她做任何事情。她回家住的频率会越来越低，直到有一天她说她要搬出去住，因为她想要去另一个城市学习。我会帮她搬家，接着她就会离开这个家。周末的时候，她偶尔会回到我们身边，因为在这边她还有许多朋友要见。

在洛塔离开家后，小她不到两岁的格里塔也不会在家里待太久。她将会是下一个离开父母的人。这种情景用不了多久就会发生。我们有时可以给她们打个电话。当她们主动联系我们时，我们会很高兴。或许，我们还可以一起去度假。不管怎样，我很确定，圣诞节的时候她们一定会回到家里来。

最后，就剩下小女儿朱莉还住在家。到那时，她也有十多岁了。以我对她的了解，她不会因为自己是留在餐桌旁的最后一个孩子而感到高兴。我们终于可以体验一下做独生子女父母的感觉了。我希望朱莉也可以对这样的生活有一点小小的期待。

无论你做什么事情，总有一天会是你最后一次做这件事情：最后一次为孩子举办生日派对，最后一次全家出游，最后一次应邀参加孩子的毕业典礼，最后一次用搬运车来运送成箱打包好的书籍……

当最后一个孩子开启自己的人生之旅时，我已经老了，大概有六十岁了。到那时，我会坐在沙发椅上，阅读一本好书，以此来抚慰自己，我会试着去充分地享受这短暂的平静。因为我想用不了多久，我的大女儿卢娜就会回来让我帮她照顾她的孩子。

信任你，爸爸！

在德国，当人们被问及自己与父母的关系时，他们给出的答案通常都是非常正面的。在 YouGov 的一项民意调查中，80% 的人表示他们与父母的关系非常好。同样，有很多人表示他们的父母一直陪在他们身边，还会在生活中给他们提供指引。

在这里，几乎不存在“父亲会遭遇全面失败”这样的价值观。

因此，相较于孩子对父亲的亲近感，社会对于父亲角色的认知存在更多问题。我们今天可能拥有西方国家有史以来最好的、最关心孩子的父亲。

如果经常提及的“父亲会遭遇全面失败”这一情况确实存在，那么一定会在调查中体现出来。但现实情况是：尽管父亲仍将大部分家务活留给母亲，尽管在大多数情况下父亲仍然是家中的经济支柱，但绝大多数孩子依然会爱他们的父亲。他们在和父亲的关系上还会拥有积极的体验。这正是因为孩子眼中的父亲并不像公众讨论的那样片面。孩子会全方位地去认识自己的父亲。他们不仅重视和感激父亲为他们所做的一切，也重视和感激父亲为他自己所做的一切。

我有一个朋友，他很爱他的父亲，即便他父亲的为人处世全然不顾他人的想法。他父亲一生都在酗酒、抽烟，与他母亲在很早以前就离婚了，之后谈过的感情也都以失败告终，还经常遇到一些金钱问题。但他父亲一直对爵士乐情有独钟。他父亲在一个爵士乐队演奏了66年，其他许多成员都已经去世了，可他父亲年逾八旬仍然是在二十岁时加入的那个乐队中的一员。现在，他父亲是这个乐队的领队，最近乐队以他父亲的名字重新命名。我的朋友为此感到骄傲。根据今天关于父亲的所有说法，他父亲在教育孩子方面就是一个典型的失败者。他对儿子关心甚少，几乎没有给过他多少鼓励，但他对儿子具有重要的启示：有些爱好会伴随你的一生，正是这些爱好赋予你生活的意义。他父亲还教导他：坚持到底是有价值的，只要你的双手还可以握住小号，那么一切都会好起来的。

在我看来，父亲这一角色最大的作用就是，父亲要勇往直前，不要让自己因为一些挫折而气馁。父亲要始终心有希望，相信一切事情都会好起来的。简言之，父亲要相信生活、接受挑战、抓住机遇、享受乐趣。与此同时，父亲还要与孩子携手而行。

最伟大的榜样形象或许就是父亲，而他们自己却浑然不觉。哲学家和评论员比约恩·维德（Björn Vedder）写道："我们从母亲那里学会生存，从父亲那里学会死亡。"他描述了父亲如何先于孩子走向死亡。在母亲那里，孩子获得了安全感。但孩子知道自己不能永远停留在这种安全感之中。孩子通过父亲来观察外面的世界和体验真实的生活。生活难免会带来烦恼和痛苦，但生活也会带来诸多挑战。

扮演父亲角色的人（如前文所述，也可能是女性）在生活中是如同局外人一般的存在。他（或她）一直在摸索和学习，也常会感到不安和焦虑。但是，投身于父亲角色是值得的。这证明了他（或她）可以解决问题和克服障碍，证明了走自己的路是正确的。

父亲会先于孩子走向死亡，这句话听起来有些可怕。作为年轻的父亲，你不会去想这一点。而孩子当然也不会去想这一点。但这也表明了父亲角色在一生中都是矛盾的存在。因为我们不仅要看到成功和成长时的父亲，还要看到失败和年迈时的父亲：当你的年纪变得越来越大，以至于无法延续早前的辉煌成就时；当你被超越，甚至被淘汰出局时；当你必须要逐渐退出人生的舞台时；当你的步态变得越来越小心翼翼时；当你的说话声音变得越来越小时。父亲（当然也包括母亲）会经历这些，而且他们（她们）会先于自己的孩子去经历这些事情。这时，他们（她们）也展示了如何有尊严地告别自己的理想形象。

当你的孩子开启自己的事业时，你还没有结束自己的父亲角色。当孩子们想要知道变老的感觉时，你仍然是他们的榜样。无论你走起路来是大步流星，还是小心谨慎，抑或是小步快走（借助带轮助步器），你都一直是孩子的榜样。

当你决定扮演父亲角色时，这将是一个“全力以赴”的承诺，直到你人生的尽头。在谢幕之前，你将为自己的孩子上演一出人生大戏。没有人可以免除你的责任。然而，你可以做的是，首先要考虑好这场大戏的剧情是什么，以及之后的剧评应该是怎样的。

任何一位父亲都不再只是为自己而活，而是要为自己的孩子树立榜样形象。孩子长大以后，依然会记得父亲是自己的榜样。当孩子在自己的人生道路上披荆斩棘时，他会想起自己的父亲。孩子需要全方位、多角度地看待问题，就像采集路边的花朵那样收集新想法。有些事情，孩子会像自己的父亲那样去解决。有些事情，孩子会用不同的方式去解决。但孩子始终觉得自己有点儿像父亲，认为自己就像是自己的父亲那般努力。

比约恩·维德引用弗里德里希·荷尔德林（Friedrich Hölderlin）创作的《恩培多克勒之死》来对父亲形象展开描述：他们必须引导孩子“无所畏惧地走出上帝的黑夜，走出上帝深邃的、严肃的黑夜”。

我觉得，作为父亲，你不必太过于严肃，但你一定要不断地积累智慧。因为你总是能够比你的孩子更早地明白一些事情：你知道生活不可避免地会遇到一些危机，你必须学会忍受这些沉重的打击。在每一次跌倒后，你必须重新站起来。你经历的所有挫折和苦难都是有意义的。它们教会你坚持不懈。我们做父亲的都知道，逆境过后，事情会好起来。我们可以把这些信息传递给我们的孩子。

例如，当我状态不好时，我的父亲教会我走进大自然。他不是牵着我的手和我一起在草地上漫步，而是自己就很喜欢这么做。他让我明白了在新鲜的空气中散步不只是简单地为了消遣，还可以去感受别人的一些故事。有些人也曾沿着这条路走过，踏上过这块土地，你可以探寻他们的足迹。

我的父亲让我明白了如何去辨别古老的小径和新修的小径。古老的小径嵌入在自然地形中，左右两边是高高的斜坡。在我长大的地方，有一条古老的小径，从罗马时代起就穿过了一片田野。我总是怀着崇敬的心情走在这条小径上。

我的父亲让我明白了土壤中含有矿物质，有时候是含沙的，有时候是富含养分的。在很久以前，我们这个地区的土壤含沙量较多。因为在冰川时期，沙漠中的沙子已经被风吹到了这里。这就是为什么这里从不种植葡萄，而只种植芦笋，因为芦笋不需要富含养分的土壤。

我的父亲让我明白了沿途的那些石头都承载着这个地方特定的地质历史。这里曾经一度是火山，这里曾经一度是海洋，而今天这里却成为人们散步的地方。有时候，人们会在一些碎石子中找到化石。我还知道蜗牛是一种古老的动物。我之所以知道这一切，是因为我父亲对这些知识很感兴趣，是因为我父亲就是这样在自然中漫步，就好像是他漫步在历史久远的山谷和森林之间。因为他知道，没有什么事情是索然无趣的。只要愿意停下脚步，仔细观察，就总会有所发现。

我的父亲让我明白了通过屏幕只能了解到别人看过的和解读过的信息。只有当我们亲眼看到过，亲手摸到过，亲自闻到过，我们才能够真正地接触到一些新的信息。当我意识到自己每天会花十个小时在屏幕前时，我就在想，关于这个世界，显示器能告诉我一些什么信息呢？

我的父亲让我明白了真正的快乐不是来自于他人的肯定，而是来自于自我肯定。而满足感亦不是因为取悦了他人，而是来自自我满足。我之所以知道这一点，并不是因为我父亲在壁炉旁喝酒时讲过这些话，而是因为他每天晚上都在为了自己而坚持练习弹奏吉他，他从来都不是为他人而练习弹奏。虽然他这么做是为了他自己，但是他这么做也对我产生了一些积极的影响。

我以我的父亲为榜样，我会像他一样来面对困难。如果我能够以此来教育我的孩子们，那么一切都会好起来的，因为我们做的是一些积极的事情。如果我能够成为孩子们心中值得信赖的那个人，即便她们现在对某些事情缺乏信心，我也会成为一个很棒的父亲。